纳兰词传

〔清〕纳兰性德 著

刘增妍 编著

吉林出版集团股份有限公司

图书在版编目(CIP)数据

纳兰词传/(清)纳兰性德著；刘增妍编著. —— 长春：吉林出版集团股份有限公司，2019.1
(读书会)
ISBN 978-7-5581-6217-6

Ⅰ．①纳… Ⅱ．①纳… ②刘… Ⅲ．①词(文学)-作品集-中国-清代 Ⅳ．① I222.849

中国版本图书馆 CIP 数据核字（2018）第 288246 号

NALAN CI ZHUAN
纳 兰 词 传

作　　者：	(清)纳兰性德
编　　著：	刘增妍
出版策划：	孙　昶
责任编辑：	刘晓敏
装帧设计：	段　瑶
出　　版：	吉林出版集团股份有限公司（www.jlpg.cn）
	（长春市人民大街4646号，邮政编码 130021）
发　　行：	吉林出版集团译文图书经营有限公司
	（http://shop34896900.taobao.com）
电　　话：	总编办 0431-85656961　营销部 0431-85671728/85671730
制　　作：	王萌图书（www.rzbook.com）
印　　刷：	文畅阁印刷有限公司
开　　本：	710毫米×1000毫米　1/16
印　　张：	16
字　　数：	160千字
版　　次：	2019年1月第1版
印　　次：	2019年1月第1次印刷
书　　号：	ISBN 978-7-5581-6217-6
定　　价：	49.00元

营销分类：文学

版权所有·侵权必究
本书若出现印装质量问题，请与我社联系调换
电话：(010) 82021443

前言　随驾出行，情起相思

纳兰性德，清初第一词人。他是人间惆怅客，是三百年来倾倒无数后人的绝世才子。

他生于海晏河清、修文偃武之时，诞于钟鸣鼎食、显赫富贵之家。父亲是康熙时期武英殿大学士纳兰明珠，母亲是努尔哈赤的孙女，英亲王阿济格第五女，一品诰命夫人。而他又是这个天潢贵胄之家的长子。这些都注定了，从他出生的那一刻起，他的名字就会出现在史书之中，哪怕寥寥几笔。然而这个纳兰带给历史的，又何止是寥寥几笔。

纳兰自幼聪颖好学、博闻强识，且又精于骑射武功。鲜衣怒马少年郎，胸怀吞鲸之志。康熙十五年（1676），年仅二十二岁的纳兰中丙辰科二甲第七名，赐进士出身，后授三等侍卫，不久后晋升为一等侍卫，曾多次随康熙出巡，考察边境情况。纳兰的心里装着雄图大业，他渴望在战场上厮杀，渴望早日建功立业，策马凯旋。而现实却是每日陪在君王身侧，吟诗作画，饮酒下棋，这对纳兰来讲无异于生活在牢笼之中。令天下人艳羡的君王的这一份"宠爱"，却成为他的束缚。

"身在高门广厦，常有山泽鱼鸟之思。"从相门锦衣公子、清代第一才士到江湖落落狂客,纳兰一直在理想与现实的矛盾中苦苦煎熬。他渴望的自由、他的希冀在一天又一天的随侍中被慢慢磨去,他想要挣扎,却无力左右。他的梦、他的壮怀,都在那至尊的"宠爱"中折损殆尽。身在豪门,心向江湖,是词人最大的悲剧之所在。

纳兰,"自是天上痴情种","不是人间富贵花"。这个凡尘的痴情男子,渴望红袖添香的缱绻柔情,渴望爱与温暖的怀抱。然而他一生为情所困,在他的生命之中,命运像他期盼的那样把他所渴望的爱人一一带到他的面前:青梅竹马的表妹,情投意合的妻子卢氏,与其琴瑟和鸣的才女沈宛,当他沉浸在梦想变成现实的喜悦中时,命运又将她们全部剥离。

或许是天妒英才,纳兰风华正茂之时,却匆匆离世,年仅三十一岁。他像一颗流星划过人间,却用了最灿烂的姿态陨落;又像是一颗滚烫的心,被揉碎在一场虚幻的梦中。他年轻的生命留下了不甘与痛楚,让每一位读词的人心生感悟。

每个人的心中都有一个纳兰容若,每个人都在"人生若只如初见"里感动万分。纳兰的一阕词波澜过你我的一个世界,他的词"清丽婉约,哀感顽艳,格高韵远,独具特色,直指本心",可以催漫天的焰火盛开,可以催漫山的荼蘼谢尽。其以纯情凄清之《饮水词》饮誉生前身后。数百年后,人们翻开他的集子,吟哦一番,便惊为天人,字里行间情真意切,不觉让人泪流满面。

走近一个才气横绝的词人,邂逅一个凄美真实的世界。

目录

第一章 当时只道是寻常

- 2　虞美人（绿阴帘外梧桐影）
- 3　虞美人·秋夕信步（愁痕满地无人省）
- 5　虞美人（银床淅沥青梧老）
- 7　虞美人（春情只到梨花薄）
- 8　虞美人（曲阑深处重相见）
- 10　鹊桥仙·七夕（乞巧楼空）
- 12　青衫湿遍·悼亡（青衫湿遍）
- 14　青衫湿·悼亡（近来无限伤心事）
- 15　沁园春·代悼亡（梦冷蘅芜）
- 18　沁园春（瞬息浮生）
- 20　东风齐著力（电急流光）
- 22　于中好·十月初四夜风雨，其明日是亡妇生辰（尘满疏帘素带飘）
- 24　南乡子·为亡妇题照（泪咽却无声）
- 26　金缕曲·亡妇忌日有感（此恨何时已）
- 28　蝶恋花（辛苦最怜天上月）
- 30　山花子（风絮飘残已化萍）
- 31　山花子（欲话心情梦已阑）
- 33　山花子（林下荒苔道韫家）
- 34　清平乐（凄凄切切）
- 36　清平乐（青陵蝶梦）
- 38　采桑子（海天谁放冰轮满）

第二章 人生若只如初见

39 采桑子（拨灯书尽红笺也）
40 采桑子（土花曾染湘娥黛）
42 采桑子（谢家庭院残更立）
44 画堂春（一生一代一双人）
46 眼儿媚·中元夜有感
48 （手写香台金字经）
49 浣溪沙（谁念西风独自凉）
51 浣溪沙（凤髻抛残秋草生）
53 临江仙·寒柳（飞絮飞花何处是）
56 如梦令（黄叶青苔归路）
57 梦江南（昏鸦尽）

57 菩萨蛮（窗前桃蕊娇如倦）
58 菩萨蛮（新寒中酒敲窗雨）
60 菩萨蛮（萧萧几叶风兼雨）
61 菩萨蛮（催花未歇花奴鼓）
63 菩萨蛮（春云吹散湘帘雨）
64 菩萨蛮（隔花才歇廉纤雨）
65 菩萨蛮（乌丝画作回纹纸）
67 菩萨蛮（阑风伏雨催寒食）
69 菩萨蛮（惜春春去惊新燠）
70 临江仙（长记碧纱窗外语）
72 临江仙（点滴芭蕉心欲碎）
73 临江仙（昨夜个人曾有约）
75 鬓云松令（枕函香，花径漏）

76	鹊桥仙（倦收缃帙）
78	百字令（人生能几）
80	南乡子（烟暖雨初收）
81	红窗月（燕归花谢）
83	天仙子（月落城乌啼未了）
84	蝶恋花（眼底风光留不住）
86	蝶恋花（又到绿杨曾折处）
88	蝶恋花（萧瑟兰成看老去）
89	蝶恋花（露下庭柯蝉响歇）
91	秋千索（药阑携手销魂侣）
92	秋千索（游丝断续东风弱）
94	好事近（帘外五更风）
95	好事近（何路向家园）
96	山花子（昨夜浓香分外宜）
98	清平乐（风鬟雨鬓）
99	清平乐（画屏无睡）
101	满宫花（盼天涯）
102	唐多令·雨夜（丝雨织红茵）
104	秋水·听雨（谁道破愁须仗酒）
106	如梦令（正是辘轳金井）
108	如梦令（纤月黄昏庭院）
109	采桑子（彤霞久绝飞琼字）
111	采桑子（谁翻乐府凄凉曲）
112	采桑子（白衣裳凭朱阑立）
113	采桑子（而今才道当时错）
115	河渎神（凉月转雕阑）

第三章 西风多少恨，吹不散眉弯

116 浣溪沙（旋拂轻容写洛神）
118 减字木兰花（花丛冷眼）
119 少年游（算来好景只如斯）
122 虞美人（彩云易向秋空散）
123 南乡子·捣衣（鸳瓦已新霜）
125 踏莎美人·清明（拾翠归迟）
127 秋千索（锦帷初卷蝉云绕）
128 采桑子（桃花羞作无情死）
130 浣溪沙（记绾长条欲别难）
131 浣溪沙（肠断斑骓去未还）
132 浣溪沙（锦样年华水样流）
134 浣溪沙（肯把离情容易看）
135 减字木兰花（相逢不语）
136 木兰花令·拟古决绝词
138 玉连环影（何处）
139 采桑子（明月多情应笑我）
140 瑞鹤仙·丙辰生日自寿，起用《弹指词》句，并呈见阳（马齿加长矣）
143 菩萨蛮·过张见阳山居，赋赠
144 菩萨蛮·为陈其年题照（车尘马迹纷如织）
146 虞美人·为梁汾赋（凭君料理花间课）（乌丝曲倩红儿谱）

148　金缕曲·赠梁汾（德也狂生耳）
150　金缕曲·送梁汾南还，为题小影
　　（握手西风泪不干）
152　点绛唇·寄南海梁药亭（一帽征尘）
154　潇湘雨·送西溟归慈溪（长安一夜雨）
156　水龙吟·再送荪友南还（人生南北真如梦）
159　浣溪沙·寄严荪友（别后闲情何所寄）
160　临江仙·西郊冯氏园看海棠
　　因忆《香严词》有感（谁道飘零不可怜）
162　临江仙·塞上得家报云秋海棠开矣，
　　赋此（六曲阑干三夜雨）
164　临江仙·永平道中（独客单衾谁念我）
166　浣溪沙·大觉寺（燕垒空梁画壁寒）
167　长相思（山一程）
169　如梦令（万帐穹庐人醉）
170　菩萨蛮（问君何事轻离别）
171　月上海棠·中元塞外
173　点绛唇·咏风兰（别样幽芬）
174　疏影·芭蕉（湘帘卷处）
176　眼儿媚·咏红姑娘（骚屑西风弄晚寒）
178　眼儿媚·咏梅（莫把琼花比淡妆）
179　淡黄柳·咏柳（三眠未歇）
181　忆秦娥（长飘泊）
183　太常引·自题小照（西风乍起峭寒生）
184　凤凰台上忆吹箫·守岁（锦瑟何年）

词人小传 一生恰如三月花

- 188 承平少年,锦衣公子
- 191 郎骑竹马,妾弄青梅
- 194 侯门深海,情已惘然
- 197 阿梨一去,再无音信
- 199 寒疾突发,心若死灰
- 203 大病初愈,初绽头角
- 207 琴瑟在御,莫不静好
- 211 鲜衣怒马,金榜题名
- 213 他眼前那匆忙一现的昙花
- 215 白衣挚友,江湖至交
- 219 随驾出行,情起相思
- 223 天人永隔,凡心已死
- 225 五月,卢氏芳魂消逝
- 228 十年踪迹,十年初心
- 231 琴川才女,情牵一线
- 235 扈从江南,执手定情
- 239 天南地北,金风玉露
- 243 一世多情,一声长叹

第一章 当时只道是寻常

虞美人（绿阴帘外梧桐影）

虞美人

绿阴帘外梧桐影，玉虎牵金井①。怕听啼鵙②出帘迟，恰到年年今日两相思。

凄凉满地红心草③，此恨谁知道。待将幽忆寄新词，分付④芭蕉风定月斜时。

【注 释】

① **玉虎牵金井**：化用北宋周邦彦《蝶恋花·月皎惊乌栖不定》中"更漏将阑，辘轳牵金井"。玉虎，指井上的辘轳。金井，一般指园林里井栏上有各种雕饰的井。因为古时汲水一般在清晨，因此在诗词中，辘轳金井一般都是代指清晨的意思。

② **鵙**：伯劳鸟。

③ **红心草**：一种草本植物，寓意美人遗恨。据沈亚之《异梦录》载，王炎梦游吴国，随侍吴王，闻宫中正忙于安葬西施。吴王为表内心悲痛，召词臣作挽歌，王炎所作挽歌中便有"满地红心草，三层碧玉阶"之句。词中用红心草的典故，故为悼亡而作。

④ **分付**：托付、寄托。

【译文】

帘子外面能看到梧桐绿色的身影,辘轳缠在装饰华美的井栏上,每年的今日都是相思难挨的日子,因为害怕听见伯劳鸟的叫声而不敢走到帘外。

满地都是让人备感伤心的红心草,这样的遗憾有谁说得清楚?还是把这份愁思写成新制的词曲吧,寄托在无风之夜的月下芭蕉叶上。

【赏析】

梧桐在古人眼中象征着忠贞的爱情,也代表着凄苦,唐代孟郊有"梧桐相待老,鸳鸯会双死"的佳句。伯劳鸟自古便有悼亡哀鸣的寓意。上阕种种意象中都饱含着相思之苦,勾勒出幽怨的相思之景。词人每年的这一天都因为思念亡妻害怕听见伯劳鸟凄凉的叫声。

下阕满地遗恨绵延,无从诉说。只能挨到深夜,把心事寄托在词里,说给芭蕉叶听。宋代李清照曾在词中写芭蕉"叶叶心心舒卷有舍情",将遗憾寂寥寄托给芭蕉,让词的境界格外哀婉幽怨,情致绵密。

虞美人·秋夕信步(愁痕满地无人省)

虞美人
秋夕信步

愁痕①满地无人省,露湿琅玕②影。闲阶小立倍荒凉,还剩旧时月色在潇湘③。

薄情转是多情累，曲曲柔肠碎。红笺④向壁⑤字模糊，忆共灯前呵手为伊书。

【注 释】

①愁痕：青色的苔藓痕迹。
②琅玕：指竹子。唐代杜甫《郑附马宅宴洞中》有"主家阴洞细烟雾，留客夏簟青琅玕"之句。青琅玕，比喻竹草之苍翠。
③潇湘：指女子的泪水，此处代指佳人的居所。出自唐代刘禹锡《潇湘神·斑竹枝》："楚客欲听瑶瑟怨，潇湘深夜月明时。"
④红笺：唐代薛涛所制红色小笺，又名浣花笺、薛涛笺等。薛涛是唐代著名女诗人，其父曾在朝为官。薛涛自幼通晓琴棋书画，后家道中落入乐籍。因为才学兼备，曾任校书郎一职，人称女校书。宋代晏殊《清平乐·红笺小字》："红笺小字，说尽平生意。"
⑤向壁：原指面朝墙壁不停地书写，此处指提笔不停书写。唐代李白《草书歌》："起来向壁不停手，一行数字大如斗。"

【译 文】

满地苔痕无人问津，深重的露水湿透了青翠的竹子。在空荡荡的台阶上站立片刻感觉无限荒凉，只有月色还和以前一样，照在她曾经住过的地方。

多情的人总是因受到薄情的对待而肝肠寸断。曾挥笔写下的红笺小书仍在，只是字迹已模糊，让人回忆起当初在灯下呵着手为她写下的情形。

【赏 析】

七夕的夜晚，原本是牛郎织女相会之期，妇人乞巧的佳节，词人却独自一人在庭院中散步，见到荒无人迹的院落中的苔藓、露珠、竹影，不由得怀念起自己妻子。月亮还是那一轮，依旧照耀在妻子曾住过的旧居，只是人已不在。

上阕写景，下阕抒情，多种意象的组合令词人触景生情。妻子就这样薄情地离开了人世，留下多情的词人独活。由眼前字迹模糊的小笺这一实景，转入自己当初写下小笺时的回忆，使得整首词意境更加悠远，时空更加绵长，情韵更加生动。

虞美人（银床淅沥青梧老）

虞美人

银床①淅沥青梧老，屧粉②秋蛩③扫。采香④行处蹵连钱⑤，拾得翠翘⑥何恨不能言。

回廊一寸相思地，落月成孤倚。背灯和月就花阴，已是十年踪迹十年心。

【注 释】

①银床：指井栏。

②屧粉：古代女子鞋履中的香屑，代指女子的踪迹。屧，指鞋履。

③秋蛩：秋天的蟋蟀。此二句是说秋风秋雨摧残了井边的梧桐，那美丽的身影和蟋蟀的鸣叫声都不在了。

④采香：吴王夫差曾在香山种香，派遣美人泛舟采之。这里代指女子的踪迹。

⑤连钱：连钱草，常生长于水边和路边。
⑥翠翘：古时女子的首饰，翠玉制成，形状如同鸟羽。

【译文】

　　井边的梧桐树在秋雨中老去，妻子的身影在深秋的蟋蟀叫声中消失不见，她曾经走过的地方现在长满了连钱草。故地重游捡到她遗落的发饰却不能向人言说。

　　回廊处是充满思念的老地方，渐渐下沉的月亮孤独地与我相伴。吹灭灯火，和月亮一起靠近花丛，已经过了十年，而我的心却依旧如故。

【赏析】

　　上阕描写词人十年之后旧地重游，秋风秋雨中想要寻觅亡妻当年走过的踪迹。然而十年间，连青翠的梧桐树都已老去了，原本的行迹被侵蚀得荡然无存，即便是拾得妻子的遗物，也没有办法再向任何人言说。

　　下阕将回廊作为情景交融的连接点，词人在充满回忆的回廊处触景伤情，肝肠寸断，于是，便化用唐代李商隐"一寸相思一寸灰"的诗句，表达出睹物思人的痛苦。末尾化用南宋高观国"十年春事十年心"，直抒胸臆地表达了沧海桑田、物是人非的悲凉之情。

　　亡妻过世已十年了，如今新人在侧，词人无法直接表达自己心中的哀思，因而整首词的情调显得格外隐秘哀婉。

虞美人（春情只到梨花薄）

虞美人

春情只到梨花薄①，片片催零落。夕阳何事近黄昏，不道人间犹有未招魂。

银笺②别记当时句，密绾同心苣③。为伊判作④梦中人，长向画图清夜唤真真⑤。

【注释】

①薄：草木丛生的意思。《淮南子·俶真训》中有"鸟飞千仞之上，兽走丛薄之中"。东汉高诱注："聚木曰丛，深草曰薄。"此处指梨花茂密。
②银笺：写下爱情誓言的素笺称为银笺，是定情信物的一种。
③同心苣：类似同心结的花结，因为形状类似苣状的花朵而得名，也是定情信物的一种。
④判作：甘愿成为。判，心甘情愿。
⑤真真：唐代杜荀鹤《松窗杂记》中记载的一位画中美人的名字，此处代指亡妻。

【译文】

春天万物萌发，梨花开得一片茂密，还未来得及好好欣赏，就被春雨打得七零八落。夕阳是如此的美丽，只是又到了黄昏时分，全不顾这世上还有一个失魂落魄的人。

写满浓情蜜语的书笺还是当初的模样，那时的同心结细细密密地结成苣花的模样。为了你，我甘愿长眠不醒，期待梦中与你团圆，也甘愿在深夜中对着你的画像一声一声喊着你的名字，只愿你能归来。

【赏析】

这是一首悼念亡妻的词作。上阕开篇"梨花簌"指的是梨花盛开时茂密的模样，可是还未来得及好好欣赏就随风雨片片凋零。在这首悼亡词中，"梨花"的影子反复出现，其本身便有着冰清玉洁的寓意，同时与"离"同音，每每看到梨花，词人总会回忆起自己离开人世的妻子。

下阕描述了词人当初与妻子的山盟海誓，同心同意，定情信物犹在，伊人却已经消逝。结句引用了唐代杂记中的故事：书生爱上了画中的美人，想要娶她为妻，有人告诉他，画中女子名叫真真，只要日夜呼唤她，一旦她心动了，便定会从画中出来。书生欣喜万分，日夜不停歇地喊着"真真"，画中人被他的真心所打动，从画中翩翩走出。词人渴望与妻子在梦中团聚，更希望能用自己的真心，将画像中的妻子呼唤回来，一片痴心令人动容。

虞美人（曲阑深处重相见）

虞美人

曲阑深处重相见，匀泪①偎人颤。凄凉别后两应同，最是不胜

清怨②月明中。

半生已分③孤眠过，山枕檀痕浣④。忆来何事最销魂，第一折枝⑤花样画罗裙。

【注释】

①匀泪：擦拭眼泪。匀，擦拭。

②不胜清怨：出自唐代钱起《归雁》："二十五弦弹夜月，不胜清怨却飞来。"胜，承受。

③分：料想。

④山枕檀痕浣（wò）：枕头上浸透了眼泪。山枕，古代多用木质或瓷质的枕头，两端微微扬起，形状如同山，因此称作山枕。檀痕，指带有香粉的泪水。浣，染上、浸渍。

⑤折枝：一种花卉的绘画技法，画花卉时只画出连枝折下的部分，不画整株。

【译文】

在曲曲折折的回廊处我们再次相见，拥你入怀相依偎，你靠在我的怀里轻轻擦拭着泪水。分别之后的凄凉心情我们俩都一样，最不能承受的是月光下的凄清与哀怨。

料想下半生是要孤独一人睡去，枕头上浸渍着带有残香味的眼泪。如今什么事情最害怕想起？第一件就是和你用折枝的画法在罗裙上画花样的事。

【赏析】

全词使用白描的手法，描绘词人想象中与亡妻重逢的场景。开篇化用南唐李煜《菩萨蛮》中"画堂南畔见,一向偎人颤",李煜描绘的是自己与小周后的约会,"偎人颤"生动地描绘出难以相见的两个人历经艰辛再次重逢的喜悦与辛酸。在作别之后,每逢夜晚,词人的内心都会充满痛苦而难以承受。

下阕描绘如今的状况,心如死灰的词人已经决心忍受孤枕难眠的痛苦度过余生。结句再次回忆起过去,难忘的事情有那么多,第一件就是其与亡妻一同绘制罗裙图案的事。这首词从对日常小事的追忆入手,反映出词人对亡妻的思念之情。

鹊桥仙·七夕(乞巧楼空)

鹊桥仙
七夕

　　乞巧楼①空,影娥池②冷,佳节只供愁叹。丁宁③休曝旧罗衣,忆素手、为予缝绽④。

　　莲粉飘红⑤,菱丝翳碧,仰见明星空烂。亲持钿合⑥梦中来,信天上、人间非幻。

【注 释】

①**乞巧楼**:根据孟元老《东京华梦录》记载,农历七月初六、初七的夜晚,人们会在庭院中结彩楼,称为乞巧楼。古人认为,七月初七日光最为强烈,在这一天曝晒书籍、衣裳可以使之不生虫。下句中"曝旧罗衣"说的就是这个习俗。

②**影娥池：**《三辅黄图》中记载，汉武帝建造了俯月台，台下有水池，月影倒映在池中，称为影娥池。

③**丁宁：**同"叮咛"。

④**缝绽：**缝补。这里指缝制衣裳。

⑤**莲粉飘红：**指莲蓬成熟，红色花瓣坠落。唐代杜甫《秋兴》："露冷莲房坠粉红。"

⑥**钿合：**装饰精美的盒子，古代女子用来作为定情之物。唐代白居易《长恨歌》中唐明皇与杨贵妃以钿盒作为信物。

【译 文】

乞巧楼空空荡荡，庭院里池塘冷冷清清，七夕佳节只是用来供人长叹。反复叮嘱不要把我的旧衣裳拿出来曝晒，这些都是她当初亲手为我缝制的。

池里的莲花凋零，枯萎的荷叶遮盖了水面，抬头只看见星星在空中孤寂地闪烁。仿佛看见你拿着钿盒从梦中走来与我相见，原来《长恨歌》里的天上人间是真的存在啊！

【赏 析】

此篇创作于词人的爱妻卢氏亡故之后，是其悼念亡妻之作。起句融情于景，用"空""冷"二字描绘词人在热闹的七夕佳节时悲伤孤独的心情。旧时的衣物让词人睹物伤情，回忆起亡妻对自己的爱意。

下阕荡开一笔，描绘园中秋景，低头是凋零的荷花、遮盖水面的枯萎的荷叶，抬头是满天孤寂闪烁的星星，词人的思绪也变得虚幻起来，让他在这天地间产生了幻觉。就像《长恨歌》中描绘的情景，亡妻化作天上的仙子，手持钿盒作为信物。只要是情比金坚,即便上天入地也总有再见的时候。

　　这样的丧妻之痛与死别的悲哀被词人寄托在亦真亦幻的梦境之中,他不愿相信爱妻是化作了尘埃,而是宁愿相信爱妻变作了天仙,待在世上的某一个角落里。词人不相信这是死别,他将这一切看成是生离。如此,则表达出词人内心对亡妻的一片深情。

青衫湿遍·悼亡(青衫湿遍)

青衫湿遍
悼亡

　　青衫湿遍,凭伊慰我,忍便相忘。半月前头扶病①,剪刀声、犹在银釭②。忆生来、小胆怯空房③。到而今、独伴梨花影,冷冥冥、尽意凄凉。愿指魂兮识路,教寻梦也回廊。

　　咫尺玉钩斜④路,一般消受,蔓草残阳。判把长眠滴醒,和清泪、搅入椒浆⑤。怕幽泉还为我神伤。道书生、薄命宜将息⑥,再休耽、怨粉愁香⑦。料得重圆密誓,难禁寸裂柔肠。

【注 释】

①扶病:指带病行动。
②银釭:银灯,古代富贵人家常用银质烛台点蜡烛为灯,称为银釭。
③小胆怯空房:化用唐代常理《古离别》:"小胆怯空房,长眉满镜愁。"
④玉钩斜:隋炀帝埋葬宫女的地方,在扬州。此处代指亡妻的墓地。

⑤ **椒浆**：也称为椒酒，古代将花椒浸泡制作的酒，一般用于祭奠。屈原《楚辞·东皇太一》中有"奠桂酒兮椒浆"。

⑥ **将息**：调养休息，保重身体。

⑦ **怨粉愁香**：代指男女之间的感情。化用南宋王沂孙《金盏子》："厌厌地，终日为伊，香愁粉怨。"

【译 文】

　　泪水湿透了衣衫，你昔日对我的宽慰我岂能忘记。半个月前你还带病勉强行走，你手持剪刀剪灯花的声音似乎还在耳边。追忆你生前的时候，胆小得都不敢一个人待在屋里。而现在，你一个人待在幽暗的墓穴中，伴着梨花，形单影只，冷冰冰、阴森森，凄凉至极。我愿为你的魂魄指明道路，好让我们在梦中相会于我们时常见面的回廊。

　　在墓地，你和我相隔那么近，一样都沉浸在夕阳衰草的凄凉之中。我心甘情愿地让泪水滴入祭祀的酒中，只期望能把死去的你重新唤醒，怕你还处处为我费心伤神。告诉我，你命运不佳，应当好好保重自己，不要深陷在儿女私情中。一想到我们发过的誓言难以实现，我怎么承受得住肝肠寸断的悲痛呢！

【赏 析】

　　"青衫湿遍"是词人自创的词牌，词人与妻子誓约今生，但妻子却因病早逝，给词人造成了莫大的打击，因此他自编词牌作词，以表达自己沉痛的心情。由上阕第一句可知这首词作于卢氏病逝半个月后。妻子的音容笑貌犹在眼前，尤其是词人记得妻子生前胆小怕黑，这样的生活细节最能反映出词人对亡妻的无限关爱。

下阕承接上阕的哀思,词人愿指路、愿滴醒,怕亡妻为自己伤神,处处为亡妻着想,字里行间充满凄婉哀怨,甚至能想象出亡妻劝解自己不要过分悲痛的话语。正是因为彼此亲密无间,在生离死别后依然能体味对方为自己的付出,整首词的感情质朴却又动人心弦。

青衫湿·悼亡(近来无限伤心事)

青衫湿
悼亡

近来无限伤心事,谁与话长更。从教分付①,绿窗红泪②,早雁初莺③。当时领略,而今断送,总负多情。忽疑君到,漆灯风飐④,痴数春星。

【注释】

① 分付:听从安排。
② 绿窗红泪:化用唐代诗人李郢《为妻作生日寄意》:"绿窗红泪冷涓涓。"红泪,原指女子的眼泪。《拾遗记》中记载,薛灵芸被人千金聘走送给魏文帝,与双亲告别时她眼泪纷纷,落下的泪水用壶接住,竟是红色,后世便将女子的眼泪称为"红泪",也有将红蜡烛垂下的蜡油称作"红泪"。此处代指泪水。
③ 早雁初莺:出自《南史·萧子显传》:"早雁初莺,开花落叶,有来斯应,每不能已也。"这里形容春去秋来,时光流转。
④ 漆灯风飐:古代常常燃漆为灯,用在死者灵前或者坟前,因此称为漆灯。风飐,随风摇动的样子。

【译文】

最近有许多让人伤心的事情,谁能与我一起畅谈到深夜?一切都听凭安排,对着窗户流下泪水,窗外正飞着黄莺和大雁。

我这才明白两人在一起的欢乐,如今已不再有,多情总是被命运所辜负。灵前的灯忽然被风吹过摇动起来,让我怀疑是不是你来了,抬起头痴痴地数着天上的星星。

【赏析】

本词应该作于卢氏亡故后不久,词人主要表现自己的沉痛心情。上阕起笔便是描写自己心事重重却无人可倾诉的痛苦,一个人对着熟悉的景色,想起往日夫妻恩爱的情形,不觉以泪洗面。

下阕承接上阕的悲痛情绪,表达了多情的自己反被无情的命运所戏弄的无奈,从得到到失去的悲哀,结尾处荡开一笔,转而写景;增强了词的意境,充满了浪漫主义色彩,带给人无限的联想。

沁园春·代悼亡(梦冷蘅芜)

沁园春
代悼亡

梦冷蘅芜①,却望姗姗,是耶非耶②。怅兰膏渍粉③,尚留犀合④;金泥蹙绣⑤,空掩蝉纱。影弱难持,缘深暂隔,只当离愁滞海涯。归来也,趁星前月底,魂在梨花。

鸾胶纵续琵琶⑥。问可及、当年萼绿华⑦。但无端摧折,恶经风浪;不如零落,判委尘沙。最忆相看,娇讹道字,手翦银灯自泼茶。令已矣,便帐中重见,那似伊家。

【注释】

①蘅芜:一种香料的名字,化用汉武帝与李夫人的典故。晋代王嘉《拾遗记·前汉上》中记载,汉武帝怀念去世的爱妃李夫人,梦见李夫人把蘅芜香交给自己。汉武帝从梦中惊醒,发现梦中的蘅芜香还沾在他的衣服上,过了很久依然芬芳无比。

②却望姗姗,是耶非耶:此处化用汉武帝与李夫人的典故。《汉书·外戚传上·孝武李夫人》中记载,汉武帝十分思念李夫人,武帝的身边有一位方士说自己可以通神,于是夜里摆好烛火,搭好帷帐,列满酒肉,让武帝坐在帐中。武帝远远地看见有一名美丽的女子,样貌和李夫人十分相像,但是不能靠近细看,这样一来武帝反而因相思更加悲伤,为此作了一首诗:"是邪?非邪?立而望之,偏何姗姗其来迟。"

③兰膏渍粉:兰膏,古代一种抹在头发上的香油。渍粉,指残留下来的香粉。

④犀合:合通"盒",指用犀牛角制成的首饰盒。

⑤金泥蹙绣:金泥,古代用金屑和胶一起调成浆状,用来涂抹纺织品或工艺品。蹙绣,一种刺绣方法。

⑥鸾胶纵续琵琶:化用北宋陶谷的《风光好》:"琵琶拨尽相思调,知音少。待得鸾胶续断弦,是何年。"鸾胶,也称为续弦胶,传说有人曾用凤凰的喙和麒麟的角来做结续弓弦的胶,后世多指续取妻妾。

⑦萼绿华:仙女的名字,传说中九嶷山中的仙女。此处代指亡妻。

【译文】

（汉武帝梦见李夫人）蘅芜的香气依然还在，遥看佳人重现，不知是真是假。感慨那些用过的兰膏和香粉还留在钿盒中，曾经的金泥和刺绣都被薄薄的细纱遮掩着。柔弱的身影难以保持，彼此之间缘分还深，或许只是暂时分离，就当这分离的忧愁被天涯海角阻隔了吧。回来吧，趁着星星和月亮还没消失，幽魂还附着在梨花上。

就算是续娶了佳人，哪里比得上当年的爱人。与其没来由地打击折磨，害怕遭受大风大浪，还不如就此凋零，心甘情愿地变成细小沙土。最难忘的回忆是与爱人一起读书，她读错了字还撒着娇，手里拿着剪刀剪去灯花，不小心打翻了茶碗的模样。让这些都过去吧，就算是在梦中相见了，哪里还是她呢。

【赏析】

这首词副题为《代悼亡》，整首词与词人的知己顾贞观的《金缕曲·悼亡》韵相同，大约是词人在读了好友的悲戚之作后，用这首词来安慰好友，以表达自己的悲伤之情。

词的上阕化用典故，虚实相生，充满浪漫色彩，描绘了亦真亦假的梦中场景，醒来看见佳人的遗物尚在，物是人非的痛苦让人产生了幻觉：似乎彼此之间没有生死相隔，只是短暂的离别，又幻想起月下相见的情形，带着悲伤的哀愁。

下阕写到即使是有了新妻子，也比不上死去的佳人。紧接着是词人的安慰之语，人生在世总会遭遇挫折打击，风风浪浪，与其这样受苦，倒不如化作尘埃来得更好。最后的三句又重新回到过去，追忆起往昔的幸福，回到现实之中只剩下再也无法相见的痛苦。结尾"帐中"与起句呼应。

整首词从梦境到现实,又到幻想,再回到现实,词人从不知真假的怀疑到睹物思人的惆怅,进而产生妄想与幻觉,然后又安慰自己,追忆过去的欢乐,到最后回到了无情的现实,曲曲折折,情真意切,让人感触深切。

沁园春(瞬息浮生)

沁园春

丁巳重阳前三日[①],梦亡妇淡妆素服,执手哽咽。语多不复能记,但临别有云:"衔恨愿为天上月,年年犹得向郎圆。"妇素未工诗,不知何以得此也。觉后感赋。

瞬息浮生,薄命如斯,低徊怎忘。记绣榻闲时,并吹红雨[②];雕阑曲处,同倚斜阳。梦好难留,诗残莫续,赢得更深哭一场。遗容在,只灵飙[③]一转,未许端详。

重寻碧落茫茫[④]。料短发、朝来定有霜。便人间天上、尘缘未断;春花秋叶,触绪还伤。欲结绸缪[⑤],翻惊摇落,减尽荀衣昨日香[⑥]。真无奈,倩声声邻笛[⑦],谱出回肠。

【注 释】

①丁巳重阳前三日:指康熙十六年九月初六日,重阳节三日之前。卢氏于五月去世,此时已经过了三个月有余。

②并吹红雨:红雨原指落花。重阳节又叫吹花节,出自宋代杨万里《九月四日生辰》:"重九吹花节,千龄梦日时。"后世常用吹花节代指重阳节。

③灵飙：清风的风。此处指随风而逝。
④重寻碧落茫茫：化用唐代白居易《长恨歌》："上穷碧落下黄泉，两处茫茫皆不见。"碧落，天。
⑤绸缪：指殷切的情谊。汉代李陵《与苏武诗·其二》有"独有盈觞酒，与子结绸缪"。
⑥减尽荀衣昨日香：《太平御览》中记载，荀彧到别人家中做客，他坐过的地方香气久久不散，后世用"荀衣""荀香"来代指风流倜傥或者香气独特。宋代刘克庄《风入松·福清道中作》："改尽潘郎鬓发，消残荀令衣香。"
⑦邻笛：晋代向秀《思旧赋·序》有"邻人有吹笛者，发声寥亮。追思曩昔游宴之好，感音而叹，故作赋云"。后世常用来代指思旧、惆怅。

【译　文】

人生短暂，转瞬即逝，命运如此不济，往昔怎么能够忘记？记得我们曾一起悠闲地在房中看风吹落花，在雕花栏杆处依偎着看夕阳。可是美好的梦境总是难以留住，残缺的诗篇不适合再续，只换来一场夜半的哭泣。梦中刚刚相见，可是你的模样随风而逝，让我来不及细看。

上天入地地寻找你，却茫然见不到你，一夜无眠，早上必然会看到镜中的人又添了一些白发。就算是生死相隔，我们的尘缘也没有断却。不管时间过了多久，我心中依然为你悲伤。想要和你共度此生，却被命运阻断破坏，身形憔悴不再有当年的风貌。无奈啊，只能将沉痛的心情寄托给悠扬的笛声，一声声荡气回肠。

【赏　析】

本词作于卢氏去世三个多月后，词人梦见亡妻，因此感伤而作，整首词感情缠绵缱绻，句句含泪。上阕起笔哀叹生死，感叹妻子命薄，同时也是感叹自己的命薄。紧接着描绘往昔相处的欢愉，反衬出词人如今的落寞。梦中相见，来不及细看就已经消失不见，醒来更添悲痛，泪水无限。

  下阕承接上阕，描绘梦醒之后四处找寻却没有办法再见亡妻的凄怆。词人不禁感叹自己因思念亡妻而身形憔悴、衣衫松弛，却没有办法缓解自己的悲痛，即便距离妻子过世已经三个月有余，心里的伤痛始终难以平复，只能寄托在笛声中，怜爱与怀念之情跃然纸上，哀婉动人。

东风齐著力（电急流光）

东风齐著力

  电急流光①，天生薄命，有泪如潮。勉为欢谑，到底总无聊。欲谱②频年离恨，言已尽、恨未曾消。凭谁把、一天愁绪，按③出琼箫。

  往事水迢迢④，窗前月，几番空照魂销。旧欢新梦，雁齿小红桥⑤。最是烧灯⑥时候，宜春髻⑦、酒暖蒲萄⑧。凄凉煞、五枝青玉⑨，风雨飘飘。

【注 释】

①**电急流光**：比喻时光飞逝如同闪电。

②**谱**：作动词用，指填词谱曲。

③**按**：演奏管类乐器称为按。此处代指吹箫。

④**迢迢**：形容遥远。唐代杜牧《寄扬州韩绰判官》有"青山隐隐水迢迢，秋尽江南草未凋"。

⑤**雁齿小红桥**：雁齿，原指大雁南飞列队整齐，后多代指台阶，尤其是桥的台阶。唐代白居易《新春江次》有"鸭头新绿水，雁齿小红桥"。

⑥**烧灯**：指元宵佳节灯会。

⑦**宜春髻**：古代女子春天的发髻样式。宜春，古代有在立春或春节时，将彩纸剪成燕子形状，写上"宜春"两个字，贴在器物、窗户之上的习俗。

⑧**蒲萄**：此处指葡萄酒。

⑨**五枝青玉**：指的是五枝灯，泛指灯。《西京杂记》中记载，青玉五枝灯，外形为蟠螭，口中衔着灯火。

【译文】

时光如闪电般飞逝，天生命运不好，眼泪像潮水般涌出。强颜欢笑，说到底实在是很无趣啊。想要谱曲来诉说自己这几天来的离愁遗憾，可是话都说尽了，心中的遗憾却一点都没有消减。任凭谁来把这一整天的惆怅心情用玉箫吹奏出来。

过去的事已经越来越遥远，窗前的月亮多少次徒劳地照在憔悴的身体上。过去的欢乐又进入新的美梦里，曾经走过的小桥。那时候正是元宵灯会，你梳着宜春髻，暖着葡萄酒。而现在，凄凉至极啊，灯火在风雨之中独自飘摇。

【赏析】

上阕开篇定下了全词的感情基调——命薄、泪如潮。之后描绘词人为了排遣内心悲愁而做的努力：强颜欢笑，只觉得更加悲戚；寄情词曲，可是千言万语都已经说尽;托声玉箫,但谁又能将一整天的愁绪都吹奏出来?悲戚无法排遣的词人又想起了往日的岁月。

下阕紧承上阕,转入景物描绘,往事已远,但是明月依旧,梦中相见,佳人还是原来的模样,一同喝酒赏灯。梦中只得片刻温存,醒来依旧是一片凄凉,与开篇相呼应,荡开一笔,描写凄凉景色,表达了无穷的凄凉与尽在不言中的伤感。

于中好·十月初四夜风雨,其明日是亡妇生辰(尘满疏帘素带飘)

于中好

十月初四夜风雨,其明日是亡妇生辰

尘满疏帘①素带飘,真成暗度可怜宵②。几回偷拭青衫泪③,忽傍④犀奁见翠翘。

惟有恨,转无聊⑤。五更依旧落花朝。衰杨叶尽丝难尽,冷雨凄风打画桥⑥。

【注 释】

①**疏帘:** 竹质的窗帘。

②**真成暗度可怜宵:** 化用宋代苏轼《临江仙·疾愈登望湖楼赠项长官》:"徘徊花上月,空度可怜宵。"宵,指夜晚。

③**青衫泪:** 出自唐代白居易《琵琶行》:"座中泣下谁最多,江州司马青衫湿。"后世用青衫湿或青衫泪代指哭泣良多,尤其指男儿泪。

④**傍**：指靠近的动作。

⑤**无聊**：指无可奈何的抑郁。东汉王逸《九思·逢尤》有"心烦愦兮意无聊"。

⑥**画桥**：指雕饰华丽的桥梁。

【译文】

　　稀疏的竹帘积满了灰尘，服丧的带子还在风中轻轻摇动，原本应该是美好的夜晚，现在只剩我一个人孤单度过。好几次偷偷擦拭眼角的泪水，忽然看见她用过的首饰盒里还躺着那只翠翘。

　　心中的遗恨变得越发无奈，转眼到了五更，天快亮了，花朵仍旧在这早晨盛放。枯黄的杨柳叶快要落完了，心中的思念却怎么也消减不了，凄凉的风风雨雨把装饰华美的桥都淋得不再美丽。

【赏析】

　　从词序中可知，此词作于十月初四，是词人亡妻卢氏生日的前一天，这个特殊的日子勾起了词人对亡妻的怀念。全词情景交融，语言朴素，感情真切。

　　起句描绘竹帘满尘，其实哪里是竹帘挂满了尘埃，恐怕是词人心如死灰，觉得旧物不复当初的光鲜。睹物思人的词人在房中泪流不止，好不容易擦干眼泪却又看见了亡妻的遗物，瞬间悲从中来。

　　下阕由房内转向屋外景色，一夜无眠之后天一亮，词人发现园中的花依旧照常开放，柳树叶子慢慢凋落，时光流转，万物一如既往地顺应自然。"丝"与"思"一语双关，纵然时光流逝，心中的哀思始终没有任何消减。结尾融情于景，风雨中的美景因为词人的哀思而变得凄凉起来。

南乡子·为亡妇题照(泪咽却无声)

南乡子
为亡妇题照

　　泪咽却无声,只向从前悔薄情。凭仗丹青重省识①,盈盈。一片伤心画不成②。

　　别语忒③分明,午夜鹣鹣④梦早醒。卿自早醒侬自梦,更更⑤。泣尽风檐夜雨铃。

【注　释】

①凭仗丹青重省识:凭借画像来重新认识你的模样。凭仗,指凭借。丹青,画像。省识,辨认、回忆。盈盈,此语含有双关意,既有由省识得来的容貌比眼前的画像清晰之意,又有作者无限伤感充盈于怀之意。

②一片伤心画不成:化用唐代高蟾《金陵晚望》:"世间无数丹青手,一片伤心画不成。"

③忒:太、特。

④鹣鹣:鸟名,即比翼鸟。传说比翼鸟只有一只眼睛、一只翅膀,因此需要成双成对才能飞,所以叫作比翼鸟。后世用其比喻夫妻合美。

⑤更更:一更一更,时间流逝。这里暗指一夜夜的哀思。

【译文】

　　无声地饮泣，后悔过去太薄情，没有好好珍惜你。想要凭借你的画像来重新辨识你的模样，心中的痛苦满溢。肝肠寸断也画不出你的模样。

　　分别时说的话依旧清晰地萦绕在我耳边，午夜梦见与你比翼双飞，只可惜好梦易醒。你已经早早地醒来，我还深陷在梦中，一夜又一夜受着哀思的煎熬。风雨吹动风铃声，让我流泪到天明。

【赏析】

　　本词作于卢氏亡故后不久，题写于画像之上。全词充满了痛苦、悔恨、遗憾的情绪，甚至有着渴望脱离苦海的念头。开篇即是以泪洗面、哽咽无声的神伤，想要面对画像追思亡妻，却发现无论什么样的丹青妙笔都画不出妻子的神态，悲戚之情溢于言表。

　　下阕转写明明已经生死作别，自己却时常做着与妻子相伴的美梦。妻子已经跳出红尘苦海，而自己却依然在人间大梦未觉，此处表露了词人心中了无生趣、幻梦成空的感慨，流露出其想要离尘的念头。但这样的念头根本无法实现，身为贵族子弟，他甚至都无法与人倾诉自己心中之痛，只能一夜夜地垂泪到天明。这种内心与现实的矛盾以及不能倾诉的隐忍，使词人备感痛苦。

金缕曲·亡妇忌日有感(此恨何时已)

金缕曲
亡妇忌日有感

　　此恨何时已①。滴空阶②、寒更雨歇,葬花天气③。三载悠悠魂梦杳,是梦久应醒矣。料也觉、人间无味。不及夜台④尘土隔,冷清清、一片埋愁地。钗钿约⑤,竟抛弃。

　　重泉⑥若有双鱼⑦寄。好知他、年来苦乐,与谁相倚。我自中宵成转侧,忍听湘弦重理⑧。待结个、他生知己。还怕两人俱薄命,再缘悭⑨、剩月零风⑩里。清泪尽,纸灰起。

【注释】

①**此恨何时已:** 出自北宋李之仪《卜算子》:"此水几时休,此恨何时已。"恨,遗恨,遗憾。

②**滴空阶:** 指寂寥凄清的心绪。出自南朝何逊《临行与故游夜别》:"夜雨滴空阶,晓灯暗离室。"

③**葬花天气:** 农历五月下旬,春花纷纷凋落,因此称此时为落花时节。卢氏亡故于农历五月三十,因此"葬花"含有双关语义,指卢氏之死与当前时节。

④**夜台**：指坟墓、阴间。唐代李白《哭善酿纪叟》有"夜台无李白，沽酒与何人"。

⑤**钗钿约**：出自白居易《长恨歌》中，唐明皇与杨贵妃用金钗钿盒做定情信物的典故。

⑥**重泉**：指黄泉的意思，此处代指坟墓。

⑦**双鱼**：书信。汉代无名氏《饮马长城窟行》有"客从远方来，遗我双鲤鱼。呼儿烹鲤鱼，中有尺素书"。后世用双鱼、双鲤来代指书信。

⑧**忍听湘弦重理**：古代称妻子死去为断弦，再娶为续弦。

⑨**悭**：阻滞。

⑩**剩月零风**：指好景不长。

【译 文】

心中的遗恨到底什么时候才会消失，五月末，天气微寒，春雨寂静地打落在阶前。你的幽魂离开尘世已经三年，就算这是一场噩梦，这么久我也应该醒来了吧。只觉得活在这世上没有什么意义。还不如那隔离了尘世喧嚣的坟墓，冷冷清清，将所有的愁思埋葬。从前的海誓山盟，随着你的离去而全被抛弃。

黄泉之下如果能通书信，那我也能知道你这几年来过得是苦还是乐，和谁一起相伴。我深夜辗转反侧，难以入眠，想要弹琴解忧，却不忍心听见忧愁的琴声。想要来世再和你结成夫妻，又害怕两个人都福薄命断，来世缘分依旧浅，好景不长。一想到这里我就流下泪来，泪水滴落在纸钱的灰烬上。

【赏 析】

本词作于卢氏亡故三年之后。卢氏的亡故使词人的心境大受影响，其词风转为凄婉缠绵，此首是词人悼亡词的代表之作，在亡妻的忌日里，从寒雨到落花纷纷勾起词人伤春与追思之情。从凄凉悲伤到厌世的万念俱灰，层层递进，梦境与现实，虚妄与真实的重重叠叠反映出词人的痴与痛。

上阕由情观景，景亦凄凉，是梦非梦，难以分辨。由此词人厌倦尘世，感叹生无可恋，死了更好。他口中埋怨着妻子背弃誓言抛下自己独赴黄泉，心中却忍不住想知道她死后生活如何。他期盼着来世与妻子再续前缘，又怕来世依旧情深缘浅，虽然立意与前人晏几道的"欲将恩爱结来生，只恐来生缘又短"相似，但是词人在情真意切上更胜一筹。

蝶恋花（辛苦最怜天上月）

蝶恋花

辛苦最怜天上月。一昔如环，昔昔都成玦①。若似月轮终皎洁，不辞冰雪为卿热②。

无那③尘缘容易绝。燕子依然，软踏帘钩说④。唱罢秋坟愁未歇⑤，春丛认取双栖蝶⑥。

【注 释】

①玦：指有缺口的玉璧，比喻不圆满的月亮。

②不辞冰雪为卿热：出自《世说新语·惑溺》，荀奉倩的妻子在寒冬时节高烧不止，荀奉倩脱去衣衫在冰天雪地里将自己的身体弄得冰冷，然

后回屋帮妻子降温退烧，可惜最后还是没能挽救妻子的性命，自己也因为受寒加上丧妻的打击而死去。

③**无那**：同"无奈"，无可奈何之意。

④**软踏帘钩说**：燕子踏在帘钩上呢喃着。化用唐代李商隐《贾公间贵婿曲》："燕语踏帘钩，日虹屏中碧。"

⑤**唱罢秋坟愁未歇**：在坟前悼念逝者，却仍没有消减心中的哀思。秋坟，出自唐代李贺《秋来》："秋坟鬼唱鲍家诗，恨血千年土中碧。"

⑥**春丛认取双栖蝶**：在春花丛中看着蝴蝶成双成对。此处化用梁祝的典故，传说梁山伯与祝英台有情人难成眷属，死后一同化作蝴蝶成双飞去。

【译 文】

最让人觉得辛苦的是天上的月亮。一个月之中只有一天是满月，其他时候都像残缺的玉璧一般不完整。如果可以像满月一样始终圆满无缺，我也愿意舍弃身躯温暖你。

可惜人与人之间的缘分最容易断绝。燕子还像往年一样站在帘钩上呢喃着。站在你的坟前沉痛地思念着你，心中的惆怅却没有因此而有所消减，忍不住凝视着花丛中成双成对的蝴蝶。

【赏 析】

词人曾在梦中得妻子所作"衔恨愿为天上月，年年犹得向郎圆"的诗句，自此见明月如见亡妻，忍不住感叹亡妻所化的明月辛苦惹人怜，每月只有一日可圆满。传说明月之上十分寒冷，有宫殿称广寒宫，引发词人愿牺牲自己来温暖冰冷的月亮的心意，可见词人的痴心痴情。读来让人感到缠绵悱恻，哀怨凄厉。

下阕重回现实之中，爱妻已逝，清醒的词人感叹尘缘容易断绝，融情于景，看到燕子年年南归，物是人非之念油然而生。想要排遣满心哀思的词人在亡妻坟前倾诉，但哀思却丝毫不减。结尾句词人将目光停留在成双成对的蝴蝶之上，既是羡慕蝴蝶的成双成对，又寄托着词人渴望与妻子再续前缘的愿望。

山花子（风絮飘残已化萍）

山花子

风絮①飘残已化萍，泥莲刚倩②藕丝萦。珍重别拈香一瓣③，记前生。人到情多情转薄，而今真个悔多情。又到断肠回首处，泪偷零。

【注释】

①风絮：指柳絮。

②倩：指美好的样子，此处指发芽。

③香一瓣：古时香炉中所焚的香常用量词瓣。

【译文】

随风飘残的柳絮落入池塘变成了浮萍，淤泥中的莲花刚刚发芽，还有藕丝缠在叶间。点一炷香和你说声珍重，却又回忆起前世今生。

到了情的深处人反而变得薄情，现在我是真的后悔自己太多情。再次回到肝肠寸断的地方，眼泪悄悄洒落。

【赏析】

本词触景而发,从"记前生"可知是悼念亡妻之作。起句描绘暮春景色,柳絮、浮萍、初莲,可知时间大约是农历四月,卢氏的忌日在农历五月底,词人看见暮春景色不由得怀念起亡妻。紧接着,词人供上香烛道珍重,记起了前世今生的承诺。

下阕转而讨论无情与多情的联系,据说词人有一枚闲章,刻着自伤多情。过于多情痴心的词人内心饱受折磨,体味出多情的苦楚,这也正显示了词人因为多情而神伤的事实。其实词人后悔的不是多情,而是自己的愁绪无法排遣。他渴望得到释放,但是这样的渴望并没有办法实现。一旦见到相似的景物,物是人非的痛苦就会直击他的内心,让他痛哭流涕。词人这个多情种子,饱尝着反复的煎熬。

山花子(欲话心情梦已阑)

山花子

欲话心情梦已阑①,镜中依约见春山②。方悔从前真草草,等闲看。

环佩只应归月下③,钿钗何意寄人间。多少滴残红蜡泪,几时干。

【注释】

①梦已阑:指梦已尽。化用宋代辛弃疾《南乡子·舟中记梦》:"别后两眉间,欲说还休梦已阑。"

②春山：指女子眉峰如山，眉色如山。汉代刘歆《西京杂记》中描绘卓文君"眉色如望远山"。

③环佩只应归月下：化用唐代杜甫《怀咏古迹·其三》："画图省识春风面，环佩空归夜月魂。"环佩，古代女子所用的饰品，代指女子。

【译 文】

想要在梦中倾诉自己的心情，但梦已经醒来，她照过的镜子中隐约还能看见她的眉眼。后悔当初太不在意，随心地将她寻常看待，没有仔仔细细看过她的一颦一笑。

她的首饰盒与饰品都还在房中，深夜的月色落在首饰上，这些东西为何还在这里？有多少红烛的泪滴落？几时才会流尽？

【赏 析】

这首小词是词人怀念亡妻之作。梦中与妻子相会，词人满腹惆怅想要开口倾吐，刚开口却梦醒了。词人揽镜自照，看见的却是妻子的模样。这便是词人思念过度而产生的幻觉，亦真亦幻间词人想要再仔细地看看妻子的模样，然而镜中却只有妻子的眉眼。词人后悔当初没有认真细看妻子的容颜。

词章一波三折，感情真挚，由梦到幻，从惆怅到惊喜又到后悔。下阕由物及人，描绘物是人非的伤感，运用了王昭君与杨贵妃的典故。王昭君与汉元帝分离，此生再无见面之时；杨贵妃与唐明皇分离，以钿盒为信物，重圆天上人间。可是词人眼前这些亡妻用过的东西，却完全没有带来能让他们重圆的机会。

词人回过神来，望着燃尽的红烛，自己的泪水也像红烛一般流淌，除非此身灭，否则泪难干。

山花子(林下荒苔道韫家)

山花子

林下荒苔道韫家①,生怜玉骨②委尘沙。愁向风前无处说,数归鸦③。半世浮萍随逝水,一宵冷雨葬名花。魂似柳绵吹欲碎,绕天涯④。

【注释】

①**林下荒苔道韫家**:道韫指东晋才女谢道韫,曾因咏雪佳句"未若柳絮因风起"而闻名,后嫁王凝之。林下指竹林七贤的林下之风,曾有人感叹谢道韫其人"神情散朗,有林下之风"。

②**生怜玉骨**:生,很、非常之意。玉骨,代指伊人,暗指伊人冰清玉洁。

③**数归鸦**:出自宋代辛弃疾《玉蝴蝶·叔高书来戒酒用韵》:"佳人何处,数尽归鸦。"

④**魂似柳绵吹欲碎,绕天涯**:化用五代时期顾夐的《虞美人·深闺春色劳思想》:"教人魂梦逐杨花,绕天涯。"

【译文】

曾被才女谢道韫拿来作比的柳絮散漫地落在荒凉的苔痕小道上,真是可怜这冰清玉洁的身躯与沙土为伴。心怀忧愁地随风翻飞,却道不尽心中愁苦，天空中几只还巢的乌鸦飞过。

柳絮飘零一生，有的落入流水中，有的却在一夜的寒雨中葬于尘土。我的灵魂就像这柳絮，被风吹得快要破碎了，在天边无力地飘零。

【赏析】

本首词表面为咏物词，咏的应当是雪或柳絮，暂作柳絮解释。词中的柳絮有着伊人的意味，柳絮曾被东晋才女用作比喻雪花，落在小道上的柳絮也似谢道韫一般满是才华。玉骨也代指伊人的冰清玉洁，但是却不得不与尘土为伍。因此满腹春愁，只能和东风倾诉。"数归鸦"引用辛弃疾的词句，更表达出词人的惆怅无聊。

下阕描绘了柳絮的最终归处"逝水""冷雨葬"，被吹到水中或者被雨水掩埋。结句用柳絮来比喻魂魄，一语双关，柳絮欲碎，魂魄也欲碎。最终只能无助地飘零于天涯。

本词历来被作为悼亡词解释，词中"委尘沙""葬名花"等句，可理解为佳人已逝，与黄土为伴。可以将词中吟咏之物视为词人的自比，如柳絮般飘零无地，魂魄欲碎。

清平乐（凄凄切切）

清平乐

凄凄切切，惨淡黄花节[①]。梦里砧声[②]浑未歇，那更乱蛩悲咽[③]。
尘生燕子空楼，抛残弦索床头[④]。一样晓风残月[⑤]，而今触绪添愁。

【注 释】

①黄花节：指重阳节。黄花，菊花。

②砧声：捣衣声。古代女子在织布后将布匹放在砧板上用木棍敲打，使布匹变得更加柔软。捣衣声在古诗词中用以象征征人思乡或思妇怀人。

③那更乱蛩悲咽：化用清初袁于令《西楼记·错梦》："秋高气爽雁行斜，暗风吹乱蛩悲咽。"蛩，蟋蟀。

④尘生燕子空楼，抛残弦索床头：化用宋代周邦彦《解连环·怨怀无托》："燕子楼空，暗尘锁、一床弦索。"燕子楼，位于徐州，在唐代徐州统帅张愔去世后，其爱妾独居燕子楼十五年。此处代指亡妻的旧居。

⑤晓风残月：出自宋代柳永《雨霖铃·寒蝉凄切》："今宵酒醒何处，杨柳岸，晓风残月。"

【译 文】

冷冷清清，又到了重阳佳节。睡梦中凄凉的捣衣声不绝于耳，还有蟋蟀在秋风中凄切地悲鸣。

燕子楼里人去楼空，床头的琴早已松了弦。寒冷的风，细弯的月，一切如昨，只是今晚触景伤情，多了许多哀愁。

【赏 析】

本词约作于卢氏亡故次年的重阳节。重阳节是古代的重大节日，在这一天，人们往往要举行登高、插茱萸、祭祀、秋游、赏菊等活动。在这思亲的日子里，词人怀念起了自己的亡妻。结句的"触绪添愁"是本词的中心，上阕从听觉的角度描绘了冷冷清清的捣衣声、蛩鸣声，与热闹佳节形成了对比。

下阕描绘了人去楼空的旧居，积满尘埃的角落，无人弹奏的琴，松了的琴弦，处处流露出物是人非、凄凉冷清的伤感。结句化用柳永的"杨柳岸，晓风残月"，"一样"两字将前人之景化为己有，点明所思之人已香消玉殒，自己睹物思人，相思彻骨。

清平乐（青陵蝶梦）

清平乐

　　青陵蝶梦①，倒挂怜幺凤②。退粉收香③情一种，栖傍玉钗偷共。愔愔④镜阁⑤飞蛾，谁传锦字⑥秋河⑦。莲子⑧依然隐雾，菱花暗惜横波⑨。

【注释】

①**青陵蝶梦**：青陵指青陵台，位于今河南商丘市内。晋代干宝《搜神记》中记载，宋康王夺韩凭妻，韩凭自尽，他的妻子在青陵台跳台自尽，化作蝴蝶翩翩飞走。后世用此典故比喻妻子离开。

②**倒挂怜幺凤**：可爱的小鹦鹉还在架子上。出自北宋苏轼《西江月·梅花》："海仙时遣探芳丛，倒挂绿毛幺凤。"幺凤，惠州一种罕见的鸟类，称为倒挂子，比绿毛鹦鹉小。

③**收香**：《名物通》中记载，绿毛幺凤也叫作倒挂子，喜欢站在美人的钗上，白天闻着美人身上的香气，将香气收在自己的尾羽里，夜晚就张开尾羽放出香气。

④**愔愔**：寂静的样子。

⑤**镜阁**：女子的卧室。因为女子用镜子梳妆打扮，卧室内常放有镜子，因此称镜阁。

⑥**锦字**：指书信。《晋书·窦滔妻苏氏传》中记载，苏氏因为丈夫被流放而在锦缎上绣上回文书信，不管怎么读都可以读成诗句，表达自己对丈夫的思念。后世用锦书或锦字代指书信，尤指妻子寄给丈夫的信。

⑦**秋河**：指银河，出自牛郎织女的传说。

⑧**莲子**：莲通"怜"，怜爱。

⑨**菱花暗惜横波**：字面意思为菱角的花随着水面的波纹浮动，实则为双关语意。菱花指女子的梳妆镜，古时镜子背后常有菱花图案装饰，故称菱花镜。横波，代指女子的美目。

【译 文】

妻子就像青陵台上的蝴蝶一般消失了，可怜架上的幺凤还在等着女主人。幺凤站在女主人的发钗上收着香气，我也同样收着她曾经的遗物。

寂静的卧房里如今只剩下飞蛾，谁会从银河那边传书信来给我？莲子仍然隐藏在雾气之中，菱角的花朵随着水面的波纹漂浮着。

【赏 析】

本词多用典故与比喻，在词意上隐晦艰涩，委婉地表达了对妻子的无限怀念。开篇青陵台的典故可知这首词是为悼念亡妻卢氏所作。上阕以幺凤为引子，喜爱站在女主人发钗上的幺凤失去了女主人，与失去爱妻的词人怀着同样的悲愁。幺凤收藏女主人的香气，词人也收藏着爱妻的遗物以慰相思。

下阕转而写景，卧房之中寂静冷清，只有飞蛾徘徊着，无尽凄凉。爱妻已逝，再也不会有人在自己离家在外时寄来相思的书信。结尾两句转入梦幻之中，似乎妻子在迷蒙的雾气中若隐若现，举着菱花镜对镜自照，一双美目流转深情。

采桑子（海天谁放冰轮满）

采桑子

海天谁放冰轮①满，惆怅离情。莫说离情，但值凉宵总泪零。只应碧落重相见，那是②今生。可奈今生，刚作愁时又忆卿。

【注 释】

①冰轮：指月亮。

②那是：哪是，岂是。

【译 文】

深海一般的夜空中，谁把月亮注成了满月。令人惆怅的离愁啊，总让人在美好的夜晚泪流满面。

今生今世，我们只能在天上再次相见了。怎奈我刚泛起愁思，就忍不住一遍一遍地思念你。

【赏 析】

古人常说月圆人团圆，词人抬头发现今夜又是满月，可是自己却没有办法再和亡妻团圆了，他不禁要问，是谁又把月亮变成了满月。死别的愁绪让词人泪流满面，陷入了幻觉之中，与妻子在天上再次再见。但是词人转念又回到了现实之中，自己的愁绪从来都离不开妻子的亡故，只要一想起她，便会愁上加愁。这样循回往复的愁思痛苦，在情景交融之中表露无遗。

采桑子（拨灯书尽红笺也）

采桑子

拨灯书尽红笺[①]也，依旧无聊。玉漏[②]迢迢，梦里寒花[③]隔玉箫。几竿修竹三更雨，叶叶萧萧。分付秋潮[④]，莫误双鱼到谢桥[⑤]。

【注释】

①红笺：红色笺纸。化用北宋晏殊《清平乐·红笺小字》："红笺小字，说尽平生意。"

②玉漏：古代一种玉质的计时器，也称漏壶。化用北宋秦观《南歌子·玉漏迢迢尽》："玉漏迢迢尽，银潢淡淡横。"

③寒花：指菊花。

④分付秋潮：分付，托付、寄意。秋潮，秋季的潮水，潮水有一定的涨退规律，因此古人认为潮水是守信的。

⑤莫误双鱼到谢桥：典出汉代无名氏《饮马长城窟行》："客从远方来，遗我双鲤鱼。呼儿烹鲤鱼，中有尺素书。"后世用双鱼或是双鲤代指书信。谢桥，传说六朝时期有这座名桥，后世代指情人约会之所。

【译文】

把油灯挑亮，在红色的笺纸上写满心事，仍旧感到无奈、忧愁。时间一点一点流逝，似乎十分遥远，梦中与心爱之人相会也被阻隔着。

天已三更，雨水打在竹叶上簌簌作响。把信托付给秋天的潮水，千万不要耽误了，一定要把信准时送到心上人那里。

【赏析】

本词创作时间不详，词的描写对象是谁没有固定的说法。从词意中可知，本词应当是写给自己难以相见的爱人，可以看成是悼妻怀人之作。

上阕起笔便描绘了词人在灯下奋笔疾书，将心事小心翼翼书写在信纸上，写完信后依旧觉得有千言万语说不尽。此时长夜漫漫，玉漏一声又一声，让人更加惆怅，亦真亦幻中似乎看见了自己心爱的人。

下阕转而写景，秋雨、修竹在词人眼中无限凄清，结句巧妙用典，浑然天成地将愁思寄托在守信的潮水中，希望能与心爱之人相逢以诉说衷肠。

采桑子（土花曾染湘娥黛）

采桑子

土花曾染湘娥黛①，铅泪②难消。清韵谁敲，不是犀椎是凤翘③。
只应长伴端溪紫④，割取秋潮⑤。鹦鹉偷教，方响前头见玉箫⑥。

【注 释】

①**土花曾染湘娥黛**：土花，金属器皿被泥土腐蚀后的斑痕。北宋梅尧臣《古镜》中有"古镜得荒冢，土花全未磨"。湘娥，指娥皇、女英。黛，青黑色，指黑色的斑痕。

②**铅泪**：指晶莹的泪珠。出自唐代李贺《金铜仙人辞汉歌》中"空将汉月出宫门，忆君清泪如铅水"，此处代指斑痕。

③**不是犀椎是凤翘**：犀椎，古代用犀牛角制作的一种打击乐器。凤翘，指凤凰形状的首饰。

④**端溪紫**：指端溪紫石制作的砚台。代指书写。

⑤**割取秋潮**：出自唐代李商隐《房中曲》中"枕是龙宫石，割得秋波色"。

⑥**方响前头见玉箫**：方响、玉箫都是乐器的名字。

【译 文】

　　湘妃竹制成的乐器已被泥土腐蚀得锈迹斑斑，就算是晶莹的泪水也冲刷不去。清灵的音韵是谁演奏出来的？原来不是犀角小槌击打在乐器上发出的清越声音，而是你头上的凤钗叮当作响。

　　此时的你原本应该陪伴在我书桌边，一起将这满目的秋色剪去并写进书卷画轴中。回忆从前，鹦鹉的话语还在，如梦幻般看见你出现在我的眼前。

【赏 析】

　　这是一首隐晦的怀人词，词中出现多种乐器的形象，可以猜测词人所思之人多半是一位多才多艺、精通各种乐器的女子。上阕开篇"土花"染"黛"，埋没尘土的悲哀，似乎与亡妻卢氏相关。紧接着响起音乐声，原以为是谁在奏乐,却发现是她的首饰叮当作响。

下阕是词人的畅想,原本佳人只需陪伴在书桌前,一起研磨写字、翻阅书卷,将秋天的美景一并收获。可伊人已逝,不再陪伴词人左右。而最后一句"鹦鹉偷教"借用的是《青林诗话》中的故事,蔡确被贬到新州,随行有一位侍女名叫琵琶,另有一只聪明的鹦鹉,蔡确每次一扣响板,鹦鹉就会叫琵琶的名字,唤她前来。"玉箫"代指思恋的女子,《云溪友议》中记载,唐代韦皋少年未成名之时,曾流落到江夏一带,教江夏姜使君之子读书,由一位名叫玉箫的侍女侍奉。两人日久生情,后来韦皋仓促离开,与之约定五至七年后相娶。玉箫手持信物,日思夜盼,七年过去依旧没有韦皋的消息,她形容憔悴,绝食而死。韦皋并不是负心人,他日夜思念玉箫,在方士的帮助下见到了死去的玉箫,最终在十三年后与玉箫的转世再续前缘。

鹦鹉还像往常一般呼唤伊人的名字,词人恍惚间似乎看见妻子走到自己的面前。浪漫的幻想让整首词变得亦真亦幻,似乎是圆满的相见,但其实是天人永隔。词人大梦未觉,读词之人却潸然泪下。

采桑子(谢家庭院残更立)

采桑子

谢家庭院①残更立,燕宿雕梁。月度银墙②,不辨花丛那辨香③。
此情已自成追忆④,零落鸳鸯。雨歇微凉,十一年前梦一场。

【注释】

①**谢家庭院**：代指佳人居所。谢，指东晋谢道韫或唐代谢秋娘，都是才女。谢家代指女子之居。唐代张泌《寄人》中有"别梦依依到谢家，小廊回合曲阑斜"。

②**银墙**：指粉砌的墙，在月光下呈现银白色，因此称为银墙。

③**不辨花丛那辨香**：化用唐代元稹《杂忆》："寒轻夜浅绕回廊，不辨花丛暗辨香。"

④**此情已自成追忆**：化用唐代李商隐《无题》："此情可待成追忆，只是当时已惘然。"

【译文】

你曾住过的地方已经一片荒芜，我还久久站立在此。雕饰精美的房梁上，燕子成双成对地栖息着。月光一点点照过粉白的墙壁，夜色如此昏暗，分辨不出是哪一种花朵正在盛放，只能闻到幽幽的花香。

这一份情如今只剩下追忆了啊，成对的鸳鸯失去了伴侣，孤独地留在这世上。大雨虽然停歇了，但依旧凉意浸人，让人恍惚觉得十一年前的一切似乎都是一场美梦而已。

【赏析】

这是一首极具争议的词，历来人们对这首词的解释出入很大，有的认为是爱情词，写给词人青梅竹马的初恋，另有认为这是悼念卢氏的悼亡词。从词作中"十一年前"可知词作追忆的时间，经考证本词约作于康熙二十三年，而卢氏亡故于康熙十三年，按虚数算的话确实是十一年。

开篇是物是人非的感叹，卢氏故居已少有人迹，燕子成双成对地在梁上栖居。燕子有着回归的寓意，筑巢后总会年复一年地回到同一家的屋檐雕梁上栖居，燕子还是旧时的燕子，而屋中的主人已经不在。月亮渐渐翻过了雪白的墙壁，词人想要分辨花丛中的香气却分辨不出。在词人的悼亡词中，常常出现园中小道留下卢氏衣香屦粉的意向，此处正是词人借着月色在园中寻找亡妻曾经留下的香气。然而光阴匆匆，哪里还能分辨得出呢？

连爱妻的衣香都再也探寻不到，词人不得不感慨"此情已自成追忆"。这是对唐代李商隐"此情可待成追忆"的化用，李商隐的"可待"让人觉得尚有希望，但此刻的词人只觉得天人之隔，难以逾越。曾经是双宿双栖的鸳鸯，如今只剩下词人孤身一人。

细雨渐渐停止，冰凉的雨水将一切冲刷干净，距离卢氏亡故已经过了十一年，似乎连曾经的种种欢愉都像梦境一般不再真切。

画堂春（一生一代一双人）

画堂春

一生一代一双人①，争教②两处销魂。相思相望不相亲③，天为谁春。浆向蓝桥易乞④，药成碧海难奔⑤。若容相访饮牛津⑥，相对忘贫。

【注释】

①一生一代一双人：化用唐代骆宾王《代女道士王灵妃赠道士李荣》："相怜相念倍相亲，一生一代一双人。"

②争教：怎教。

③相思相望不相亲：化用初唐王勃《寒夜怀友杂体》："故人故情怀故宴，

相望相思不相见。"

④**浆向蓝桥易乞**：据《太平广记》记载，蓝桥是裴航与仙女云英相遇的地方。裴航回京路上遇到樊夫人，樊夫人赠了一首诗："一饮琼浆百感生，玄霜捣尽见云英。蓝桥便是神仙窟，何必崎岖上玉清。"此后裴航因为口渴而在蓝桥处求水，遇到了云英。求婚时，云英的母亲要他找到玉杵臼。裴航经过一番辛苦找到了玉杵臼，与云英成婚，最后一起得道成仙。蓝桥，在今陕西蓝田县东南。

⑤**药成碧海难奔**：此处借用嫦娥奔月的故事，表明纵使情深也再难相见。《淮南子·览冥训》中记载，嫦娥食不死之药成仙，奔月宫。碧海，出自唐代李商隐《嫦娥》："嫦娥应悔偷灵药，碧海青天夜夜心。"

⑥**饮牛津**：晋代张华《博物志》中记载，有人见一人牵着牛在天河与海的附近喂牛喝水，后来才知这里就是天河边。此处代指恋人相会之处。

【译文】

两个人是一生一世的天作之合，却偏偏被命运分隔开来，令彼此思念悲伤。彼此思念着却又没有办法团圆，既然如此，那么上苍为什么要安排春天一年一度地到来？

遇到自己心爱的人是如此简单，可是纵使深情也无法飞上天去重逢。如果能找到传说中的天河与你相见，只要能与你团聚，即便是痛苦不堪也都会忘记。

【赏析】

汤显祖《牡丹亭》题记中有"情不知所起，一往而深，生者可以死，死可以生"的佳句。词人不愿相信卢氏是真的魂飞魄散，而是飞升成仙。

词人与原配卢氏情投意合、佳偶天成，可惜卢氏早逝。整首词清丽之中情思绵绵，也有人认为本词是词人寄托情思与因入宫而和自己分隔的表妹，但总体都是悲哀的情怀，是词人的代表之作。

上阕开篇即写一生一代一双人，结发为夫妻的山盟海誓。紧接着却是生死相隔，永世不复相见的哀思，年复一年，四季流转，让词人甚至怀疑上天究竟为何要安排春天这样的美好季节。没有爱人的日子，即便是春天也与秋冬无异。下阕托用典故表达了知己易得却难相守的苦痛之情。结尾将自己的哀思托入幻想之中，如果能重见，那么现在所遭受的苦痛又算得了什么？

眼儿媚
中元[①]夜有感

手写香台金字经[②]，惟愿结来生。莲花漏[③]转，杨枝[④]露滴，想鉴[⑤]微诚。

欲知奉倩[⑥]神伤极，凭诉与秋擎[⑦]。西风不管，一池萍水，几点荷灯。

【注释】

①中元：农历七月十五为中元节，也是佛教的盂兰盆节。民间有在此日祭奠亡者、放荷灯等风俗。

②手写香台金字经：意为亲手抄写佛经。香台，焚香的台子，代指佛堂。

金字经,泛指用金泥、金沙抄写佛经。
③**莲花漏**:一种铜质的计时器,外形与莲花相似,通过匀速的漏水来计算时辰。莲花是佛门妙法,佛的坐具为莲花座,佛界称为莲花界,还有《莲花经》是佛教经典。此处一语双关,代指佛教。
④**杨枝**:杨柳树的枝条,在佛教故事中有杨柳枝水上的甘露可以使万物复苏的说法。此处同样一语双关,指佛教。
⑤**鉴**:证明。
⑥**奉倩**:《三国志·荀恽传》中记载三国时魏国有人名叫荀恽,字奉倩,在妻子死后"不哭而神伤",不到一年便死去了,年仅二十九岁。
⑦**秋擎**:秋灯。擎通"檠",意为灯柱,代指灯火。

【译文】

亲手在佛堂用金泥抄写佛经,只希望来生还能与你结为夫妻。莲花漏慢慢地流动着,杨枝露一滴滴落下,我想用抄写佛经来证明自己这点微不足道的真诚。

想要知道荀奉在妻子死后悲伤到什么程度,唯有这秋灯能够明辨。外面西风无情地吹拂着,漂满浮萍的池面上映着几盏荷花灯。

【赏析】

民间习俗中有为逝者手书经卷,寄托哀思的传统。本词作于卢氏亡故后不久,词人为亡妻整夜抄写佛经,以寄托心中渴望来世再续前缘的心愿。下一词表面意为细数时间流逝,实则一语相关,暗指词人一心向佛,希望自己的诚心可以感动佛祖以了却自己的夙愿。

下阕以荀奉倩自况,表露了自己在妻子死后无比神伤。出生名门的词人无法像寻常人一般在痛失爱妻之后号啕大哭，但是隐忍之痛比起痛哭流涕更至情至性，令人动容。结局融情于景，用西风的无情来反衬自己的多情，用草木的无情反衬人的有情，更加凄清悲凉。

浣溪沙（谁念西风独自凉）

浣溪沙

谁念西风独自凉？萧萧①黄叶闭疏窗②。沉思往事立残阳。
被酒③莫惊春睡④重，赌书消得泼茶香⑤。当时只道是寻常。

【注 释】

①萧萧：拟声词，指西风的声音，也指草木落叶的声音。

②疏窗：雕花的窗户。

③被酒：酒醉。

④春睡：指醉酒之后脸带红晕入睡。

⑤赌书消得泼茶香：赌书，出自宋代女词人李清照与丈夫赵明诚的故事。李清照在《金石录后序》中描写自己与丈夫高雅有趣的赌书游戏。每次吃过饭后，两人就一起比记忆力，煮好茶，然后由一个人问某个典故出自哪一本书、哪一卷、哪一页，书放在书架的什么地方，赢了就可以先饮茶。但是往往赢得太过欣喜，把茶都打翻泼了自己一身。消得，消受、享受。

【译文】

秋风起，我孤身一人，谁会挂念着我呢？落叶的声音不绝于耳，已经堆满窗边，我站在夕阳的余晖中回想往事。

喝醉了酒迷迷糊糊地睡着，你总是害怕会惊醒我，和你赌书欣喜至极，以至于把茶都打翻了，只留一身茶香。当时以为这些小事是再平常不过的，如今却再也无法重现。

【赏析】

词人的亡妻卢氏知书达理，两人婚后生活美满，本词作于卢氏亡故之后，字里行间追忆着往昔的寻常小事，情景交融，词人从寻常小事怀念自己的爱妻，情真意切，感人肺腑。

开篇便是一个问句，往常西风起，妻子总会挂念着词人，提醒他多添衣多保重，而今却只剩词人独自承受寒意。纷纷的落叶让词人秋思绵绵，眼前的西风、落叶、夕阳无不让词人怀念曾经的缱绻，酒后深眠、赌书泼茶的生活片段不断浮现在脑海中。结尾的感叹让词的意境从温馨转为凄凉，曾经稀松平常的琐事，如今都不可得，蕴含着词人追忆、怀念、眷恋的复杂情绪。

浣溪沙（凤髻抛残秋草生）

浣溪沙

凤髻抛残秋草生①，高梧湿月冷无声。当时七夕记深盟②。
信得羽衣传钿合③，悔教罗袜葬倾城④。人间空唱雨淋铃⑤。

【注 释】

①**凤髻抛残秋草生**：描写杨贵妃之死，代指爱妻亡故。凤髻抛残，指发髻散乱。凤髻，古代女子的一种发型。《新唐书·五行志》记载，杨贵妃喜爱用假发做发髻装饰。唐代杜牧《为人题赠》中有"和簪抛凤髻，含泪入鸳衾"。秋草，出自唐代白居易《长恨歌》："西宫南内多秋草，叶落满阶红不扫。"

②**七夕记深盟**：指《长恨歌》中描绘的唐明皇与杨贵妃七夕在长生殿中许下"在天愿作比翼鸟，在地愿为连理枝"的誓言。

③**羽衣传钿合**：道教有羽化登仙之说，因此道士所穿道服被称为羽衣，此处代指道士、仙人。钿合，白居易《长恨歌》中有"唯将旧物表深情，钿合金钗寄将去"。钿合是唐明皇与杨贵妃约定再见的信物。

④**罗袜葬倾城**：指遗物与亡妻一同下葬。罗袜，此处代指遗物。罗，丝织物。倾城，古代对美女的代称，此处代指亡妻。

⑤**雨淋铃**：又作雨霖铃，唐代曲牌名。唐代郑处诲《唐明皇杂录补遗》中记载，安史之乱中唐明皇到达巴蜀地区，当时天下大雨，在栈道处听见雨声铃声交融，声音悲戚，让他不禁想念起杨贵妃，因而根据这声音创作了《雨霖铃》这个曲牌。

【译 文】

　　发髻散乱，葬身荒野，如今坟头都长满了秋天的野草，高大的梧桐树静立于湿冷的月光下，四周一片寂静。不禁回忆起七夕那天许下的山盟海誓。

　　早该相信道士、仙人可以传递定情信物，后悔当时将你的遗物全都入葬，如今只剩我一人活着，寂寞地唱着雨霖铃的曲子。

【赏析】

词人借用唐明皇与杨贵妃的典故怀念自己的亡妻。托用典故吟咏性情，婉丽脱俗，毫不造作。表面写唐明皇失去杨贵妃后的孤寂，实则都是词人自己的切身体会。上阕描写佳人逝去后秋草冷月无限凄凉，不禁让他回忆起曾经的相爱誓言。

下阕从典故中引出自己伤痛的缘由，唐明皇可以借用曾经的信物传递自己的思念，但是自己已经将亡妻的遗物尽数入葬，想要托人传递思念都不能。比起唐明皇失去杨贵妃尚能再见的痛苦，自己失去爱妻无法再见的痛苦显得更加凄凉。最终只能将自己的悲痛寄托在词曲之中。

临江仙·寒柳（飞絮飞花何处是）

临江仙
寒柳

飞絮飞花何处是，层冰积雪①摧残。疏疏一树五更寒。爱他明月好，憔悴也相关。

最是繁丝摇落后，转教人忆春山②。湔裙③梦断续应难。西风多少恨，吹不散眉弯。

【注释】

①层冰积雪：指冰雪厚重，出自《楚辞·招魂》中"层冰峨峨，积雪千里"。
②春山：山色如黛，多指女子的眉毛，此处代指亡妻卢氏。
③湔裙：出自《北齐书·窦泰传》，窦泰的母亲怀他的时候迟迟不见生产，

心中十分害怕，巫师告诉她"渡河湔裙"就可以生下孩子，窦泰的母亲因此才生下了他。后世常有女子怀孕到河边洗裙的风俗，以求得顺利生产。此处实际是代指卢氏因产后发病而亡。

【译文】

　　柳絮和杨花究竟飞到了哪里？厚厚的冰雪将它们摧残殆尽。五更的寒风之中，稀疏的柳枝独自飘摇，还是明月最喜欢柳树，即便是它受了寒风摧折也依旧照着它。

　　最难忘的是柳丝被风吹落的时候，让人回忆起她的眉。美梦已断，梦中再续前缘，想来也十分艰难。这西风有这么多的遗恨，吹不开愁眉紧锁。

【赏析】

　　这是一首咏物的诗，咏的是寒柳，实际是对亡妻的追忆。

　　开篇便是"飞絮飞花"两个叠音。柳絮是软弱无力的意象，杨花同样是漂泊无依的意象，两者充满了宿命的悲哀。"疏疏一树"是柳的形象，"五更寒"则是冷的形象，由此描绘出词人吟咏的寒柳。此时的柳是实际的柳树，但很快词人便将自己的情感注入其中，柳的柔往往让人联想到女子，女子的形象如"弱柳扶风"，而女子的眉又有着柳叶眉的说法。冰雪、寒冷加诸在柳的身上，不禁让词人也怜惜起来。但是他却通过另一个意向来表达这种怜惜，明月最是怜爱，即便柳枝受摧残，依旧照着它。此处已经将柳拟人化，有着"憔悴"的特点。

　　下阕是词人对过去的追忆，从柳丝散去之后的模样，想到了女子的眉，但他没有回忆起与她的欢乐过往，而是想到了难以再续的前缘。为何难再续,因为美梦已经断了,无法再续。西风里满是遗恨,只让人愁容满面,难以释怀。

如梦令(黄叶青苔归路)

如梦令

黄叶青苔归路,屧粉衣香何处。消息竟沈沈①,今夜相思几许。秋雨,秋雨,一半因风吹去②。

【注释】

①沈沈:形容音讯断绝,杳无音讯。唐代韩偓《长信宫二首》中有"天上梦魂何杳杳,宫中消息太沈沈"。

②秋雨句:化用明末清初朱彝尊《转应曲·安丘客舍对雨》:"秋雨,秋雨,一半回风吹去。"

【译文】

枯黄的落叶和厚重的青苔铺满了归来的小道,她走过时留下的香气已经无处寻觅,今晚又勾起多少相思回忆。连绵不绝的秋雨啊,多半都被那秋风吹散在云中。

【赏析】

全词用的都是不着修饰的白描,自然朴素地描绘所见景物,吐露心中的深思苦情。

　　黄叶、青苔、归路，三个意象描绘出一个萧瑟的秋季。屡粉、衣香是词人悼亡词中经常出现的意象。下一句中"消息竟沈沈"，一般会被当作是别后思人之作。根据前人韩偓之作可知此"消息"指的是天上人间重逢的消息，也就是《长恨歌》中唐明皇通过方士得到杨贵妃化作仙人长居仙境的消息。此处表达为时间越来越久，探得亡妻天上消息的机会就会越来越渺茫。词人的浪漫梦幻一点点被现实剥离。

　　眼前依旧是亡妻曾走过的小道，今晚秋雨绵绵，勾起词人心中无限的怀恋，自己的眼泪也同秋雨一样，被无情萧瑟的秋风吹散。

第二章 人生若只如初见

梦江南（昏鸦尽）

梦江南

　　昏鸦①尽，小立恨因谁？急雪乍翻香阁②絮，轻风吹到胆瓶梅，心字③已成灰。

【注释】

①昏鸦：黄昏时分的乌鸦。乌鸦往往在黄昏时分飞回巢穴，当乌鸦飞尽，黄昏便也接近尾声。
②香阁：女子的闺房。
③心字：心字香。香烧尽后香灰如同一个"心"字。

【译文】

　　黄昏的乌鸦已经不见踪影，为何还呆呆地站立在这里？冬天的急雪就好比春日绵密的柳絮，飘进这熏香的闺房里，晚风轻轻吹拂着花瓶中的梅花，心字香已经烧成了灰烬。

【赏析】

　　伫立窗口，一名女子看着鸦群，忍不住相思惆怅。急急飘落的雪花透过开着的窗户往里钻,像极了春日离别时纷飞的柳絮。"柳"谐音"留",自古送别总会折柳相赠,如今已无柳絮,春日也成寒冬,送别之人却尚未回来。

寒风簌簌,将雪花送进屋中。梅花在寒冬中傲立霜雪,想要折梅相寄以示心意,却不知心上人是否知晓。一想到这里,自己的心就好像是心字香,慢慢燃尽,如同死灰。这首词情感幽而不怨,结尾一语双关,心香成灰,暗示心如死灰。暗示轻描淡写,寥寥几笔,如工笔小画,寓情于景,抒发着词人心中的相思之苦。

菩萨蛮(窗前桃蕊娇如倦)

菩萨蛮

窗前桃蕊娇如倦,东风泪洗胭脂面。人在小红楼①,离情唱《石州》②。夜来双燕宿,灯背屏腰绿③。香尽雨阑珊④,薄衾寒不寒。

【注释】

① **人在小红楼**:出自宋代施枢《摸鱼儿》中"人在小红楼,朱帘半卷,香注玉壶露"。

② **《石州》**:乐府商调曲名,商调听起来凄怆哀怨,一般表达凄凉伤感的情绪。《乐府诗集》中记载曲词为"自从君去远巡边,终日罗帏独自眠"。后世用以代指女子思念征人。

③ **绿**:有暗、黑的意思,多指头发乌黑发亮。

④ **阑珊**:将近、凋零之意。

【译文】

窗外娇滴滴的桃花被雨水打湿,春风吹过,美丽的脸庞上挂着无尽的泪水。独自坐在高楼之上,唱着倾诉离别情的《石州》曲。

夜晚来临,成双的燕子飞入楼中歇息,在对着烛火的屏风后留下一双影子。香炉中的熏香快要烧完了,外面的雨渐渐沥沥的,也快要停了,不知道你独自在外,被子单薄,夜里会不会觉得冷。

【赏析】

本词以女子的口吻伤春怀人。上阕起句运用双关之意描绘雨打桃花,既是初春景色,也是女子的以泪洗面的情态。因为思念在外的离人而独自唱着倾诉离愁的曲调。

下阕转而写飞燕成双成对,反衬出女子的寂寞凄清。女子难以入眠,细细听着外面的春雨之声,发觉屋里的熏香快要燃尽,不由得想念远方的离人,不知道寒夜雨是否会很冷。凄清的离愁与内心的温柔相衬托,更加突出了词人内心的孤苦之感。

菩萨蛮(新寒中酒敲窗雨)

菩萨蛮

新寒①中酒②敲窗雨,残香细袅③秋情绪。才道④莫伤神,青衫湿一痕。

无聊成独卧,弹指⑤韶光过。记得别伊时,桃花柳万丝。

【注释】

① **新寒**：天气转凉的时候。
② **中酒**：指酒后似醉非醉的状态。
③ **袅**：形容熏香的烟雾曲折飘荡的样子。
④ **才道**：才说，劝慰。
⑤ **弹指**：形容非常短的时间。佛家定义十二念为一瞬，二十瞬为一弹指。

【译文】

　　天气开始转凉，小雨敲在窗上，似醉非醉地看着快要烧尽的熏香袅袅地飘着烟气，心情悲伤了起来。刚刚才劝慰自己不应该太伤神，不知不觉间又流下了眼泪。

　　烦闷抑郁，孤枕难眠，美好的时光转瞬即逝。还记得当初和你送别时桃花盛开、杨柳依依的场景。

【赏析】

　　本词是一首深秋怀人之作，运用白描的手法刻画了与人别后烦闷孤寂、苦苦相思的心情。上阕开篇便描绘了相思的情景：举杯浇愁却愈加惆怅，屋中只有残香飘飘袅袅，屋外是凄风苦雨敲打之声，这些景物表现出词人的凄清与相思之苦。其下两句则是词人的自我安慰，劝自己不要过分回忆往昔，可是这种宽慰却毫无作用，泪水还是抑制不住。

　　下阕描绘词人孤寂独眠，忍不住感叹美好的时光转瞬即逝，思绪再次回到了送别之时，回忆中的桃红柳绿更加反衬出现实中的凄冷孤寂，相思之苦被词人委婉曲折地刻画出来。

菩萨蛮（萧萧几叶风兼雨）

菩萨蛮

萧萧几叶风兼雨，离人偏识长更①苦。欹枕数秋天，蟾蜍②早下弦③。夜寒惊被薄，泪与灯花落。无处不伤心，轻尘在玉琴④。

【注释】

①长更：指长夜。南唐李煜《三台令》有"不寐倦长更，披衣出户行"。

②蟾蜍：代指月亮。传说月中有蟾蜍，因而月亮又被称为蟾宫、蟾蜍。

③早弦：上弦。

④玉琴：琴的美称。

【译文】

风雨交加的夜晚，树叶哗哗作响，相思的人数着更声，觉得长夜越发凄苦。斜倚在枕头上数着秋夜的星空，月亮已经过了上弦。

独处的夜晚忽然惊醒，感觉夜晚愈加寒冷，被子单薄，眼泪和灯花一样掉落。什么地方都让人觉得内心神伤，琴上已经积满了尘埃。

【赏　析】

　　本词采用白描的手法描绘了长夜天寒，词人相思断肠的苦情，婉转凄清，哀而不伤。上阕从听觉与视觉的角度描绘眼见的缺月与凄凉的雨声，"长更苦"化用了南唐李煜《三台令》中的"不寐倦长更，披衣出户行"。从"数秋天"这样温婉的行为可以猜测出词中描绘的是女子，风雨声、更声、秋月，分明是词中女子夜不能寐，只能孤独地看着窗外夜色的愁苦情景。

　　下阕描绘女子在不知不觉中浅浅睡去，却又被寒气惊醒，独自一人凄清落泪，想要把满腹心事用瑶琴弹奏出来，回头却又看见琴上积满了尘埃，过去弹唱的欢乐日子早已不复存在。

菩萨蛮（催花未歇花奴鼓）

菩萨蛮

　　催花未歇花奴鼓^①，酒醒已见残红舞^②。不忍覆馀觞^③，临风泪数行。

　　粉香^④看又别，空剩当时月。月也异当时，凄清照鬓丝。

【注　释】

①花奴鼓：代指羯鼓。花奴，唐代汝阳王李琎擅长羯鼓，李琎字花奴，因此后世用花奴鼓代指羯鼓。羯鼓，一种打击乐器，源自匈奴。

②残红舞：比喻落花的样子如同跳舞。

③覆馀觞：指喝酒。覆，打翻酒杯。觞，一种酒具，椭圆形，广口平底，两边有半月状的耳朵。

④粉香：代指钟爱的女子。

【译　文】

　　羯鼓的鼓声催促着春花盛开，鼓声还没有停止，酒醒的时候却看见落花飞舞。不忍心再喝这残酒，秋风阵阵，不觉潸然泪下。

　　刚刚才和心上人相见，转眼又要分别，只剩下一轮明月。连这月亮都和当时的月亮不一样了啊，凄凉的月光照在鬓角的发丝上。

【赏　析】

　　这首词使用了大量的比喻。上阕以筵席开篇，羯鼓的演奏常出现在筵席上，首句就点出了本词的中心：催花未开，酒醒花落，表现了时间的飞逝与繁华落尽的错愕。紧接着便是不忍喝残酒，泪水涟涟的情状。

　　下阕"看又别"，与开篇的催花未开、花已落相照应，才相遇又要分别，光阴似箭，欢乐易逝，只有这月亮还是当初的月亮。月亮的意象在古诗词中有着许多含义，既象征高洁，又象征团圆，尤其是象征着物是人非之感。天上的明月依旧是同一轮，但是两个人却要分别，结句更进一层地描绘此刻的月亮与当时的月亮不尽相同，这里的不同一是指月亮的圆缺变化，二是指因为词人心境发生了变化所以觉得不再是同一轮月亮。正因为词人心境的变化，这月光也显得异常清冷。

菩萨蛮（春云吹散湘帘雨）

菩萨蛮

春云吹散湘帘①雨，絮粘蝴蝶飞还住。人在玉楼②中，楼高四面风。

柳烟丝一把，暝色笼鸳瓦③。休近小阑干，夕阳无限山。

【注释】

①湘帘：湘妃竹制作而成的帘子。湘妃竹又称为泪竹、斑竹，因有类似泪水的斑点而闻名，传说舜的两位妃子娥皇、女英苦等征战在外的舜而无果，跋涉千山万水来到湘江沿岸，泪水飘落在竹子上形成斑点。

②玉楼：泛指装饰华美的楼阁。

③鸳瓦：也称鸳鸯瓦。古代的瓦片需要相对摆放，如同鸳鸯成双成对出现。

【译文】

春风吹散了天上的薄云，竹帘外的春雨渐渐停歇，蝴蝶因翅膀沾上柳絮而停歇下来。独自站在华美的楼阁上，高高的楼阁四面都透着风。

杨柳枝如烟如丝，黄昏的气息笼罩在瓦片上。不要倚靠在栏杆上远眺，夕阳照着层层叠叠的远山，引起内心无尽的悲伤。

【赏析】

本词通过白描的手法描绘春日景色，景中含情，流露出伤情与惆怅。上阕写景，描绘了春雨初歇、柳絮纷飞的春日景象。春天是多愁的季节，往往是春女思，秋士悲，全词格调淡雅，可知词中描绘的是一位女子。她独上高楼，四面来风，格外孤寂。

下阕描绘女子在高楼之上所见景色，绿柳丝丝，如烟如雾，柳在意象上常与送别相关。转头看见暮色留在瓦片之上，成对的瓦片让女子又想起了自己的情郎。结句是女子在自我劝解，劝自己不要凭栏远眺，但是凭栏望去，不见离人，只见夕阳在无数远山之外。由此可见，这是描写思妇春日怀念远方离人之作。

菩萨蛮（隔花才歇帘纤雨）

菩萨蛮

隔花才歇帘纤雨①，一声弹指浑无语。梁燕自双归，长条脉脉②垂。小屏山色远③，妆薄铅华浅。独自立瑶阶④，透寒金缕鞋。

【注 释】

①帘纤雨：形容雨细细密密的样子。帘纤，细小、微小。

②脉脉：默默地表达情意的样子。

③小屏山色远：此系描绘远方之景，谓远山仿佛是小小的屏风。亦可理解为小屏风上绘有远山之景。

④**瑶阶**：美玉砌成的台阶，后泛指华美的台阶。瑶，美玉。

【译文】

隔着花看见细雨渐渐停歇，美好时光刹那消逝，令我惆怅无言。房梁上的燕子成双成对地飞回，柳树长长的枝条沉默不语地低垂着。

远山如同画在屏风上一般若隐若现，薄施粉黛，颜色浅淡。一个人站在华美的台阶上，直到寒气透过了金丝鞋。

【赏 析】

这首词通过移步换景的方式，描绘了初春时分一名女子从房内到房外所见之景，融情于景，透露出一股惆怅之感。对于人物心中的愁思却毫不提及，仅借助景物从侧面描绘，以所见景色烘托出人物的惆怅。

上阕写的是在房内所见之景，隔着花枝看见绵密的细雨初停，还有双飞的燕子，细长的柳条。下阕女子在雨停后步出房间，见远山在迷蒙天气中如失了颜色的屏风一般。走到台阶处，伫立良久，直到夜晚的寒气透过鞋子传到脚上。

菩萨蛮（乌丝画作回纹纸）

菩萨蛮

乌丝画作回纹纸①，香煤②暗蚀藏头字。筝雁十三双③，输他④作一行。

相看仍似客,但道休相忆。索性不还家,落残红杏花。

【注释】

①**乌丝画作回纹纸**:乌丝,指乌丝栏,在书籍或卷册之中,有墨水画的界栏外框,红色的叫朱丝栏。回纹,一种花纹装饰,在古代象征富贵,形状如同"回"字,因此称为回纹。
②**香煤**:指画眉所用的煤粉。
③**筝雁十三双**:古筝上用于调音的弦柱排列如同大雁,因此将筝柱称为筝雁,此处代指筝。十三双,指琴弦的数目。
④**输他**:任由他。

【译文】

在信纸上写着信,却绕来绕去写成了回纹图案,用带着香气的煤粉偷偷把信的第一个字全都涂去。筝上的筝柱有十三枚,就让它们静静站成一排而不去弹拨。

彼此都如同对待客人一般,却说着不要彼此追忆。索性不要回家了,看这红色的杏花一点点凋零飘落。

【赏析】

有人将这首词看作是暮春怀人之作,但整首词透露出一种小儿女的情怀。

起句便是写信,有人认为这是家中的女子怀念离人,故而写家书。描绘的是在信纸上写信,却迂迂回回,变成了画图。如果真是写信又怎么会画成曲折的图案呢?其实是为了隐藏心中的真情,心中思念,却又赌气不肯直接道出思念的样子。写好了信却又把藏头的几个字全都掩盖,一点都不愿让对方猜到自己的心意。琴也无心再弹,而是呆呆地看着琴。

下阕描绘了人物心里的想法,见面不亲近,劝自己不要再去想。结句处故作潇洒地不回家,看看这大好的春光一点点散去,有着"他若无心我便休"的心情。

菩萨蛮(阑风伏雨催寒食)

菩萨蛮

阑风伏雨催寒食①,樱桃一夜花狼藉。刚与病相宜,锁窗薰绣衣②。画眉烦③女伴,央及④流莺唤。半晌试开奁,娇多直⑤自嫌。

【注释】

①**阑风伏雨催寒食**:阑风伏雨,唐代杜甫《秋雨叹》中有"阑风伏雨秋纷纷",形容风雨连绵的样子。寒食,即寒食节,清明前一至两天为寒食节,当天禁止动火,只吃冷食,并有祭祀、踏春、蹴鞠、斗鸡等许多娱乐活动,后来逐渐与清明节合二为一。

②**刚与病相宜,锁窗薰绣衣**:人生病的时候畏惧寒冷,喜欢炉火的温度,因此,关上窗户,用炉火熏衣祛潮。刚,指恰好。

③**烦**:敬语,表示请、拜托。

④**央及**:恳求、请托。

⑤直：但是、只是。

【译文】

连绵的风雨没有停歇，寒食节悄然来临，樱花树一夜之间被风雨吹打得一片狼藉。生病时最畏寒冷，正适合关上窗户，用炉火来去除衣服上的潮气。

画眉也需劳烦女伴来帮忙，如同黄莺婉转地恳求着。过了许久才敢打开梳妆盒看镜子里的自己，明明娇美无比却又觉得不满意。

【赏析】

这首词描绘的是大病初愈的女子，在寒食节来临的时候画上符合时令的妆容，熏干潮湿的衣裳。

上阕由景物描写起笔，描绘多雨的初春，春风春雨不断，将盛开的花朵全都打落。紧接着便是大病初愈的女子守着炉火熏衣的场景。下阕顺承上阕，女子因为大病初愈而劳烦女伴帮她画眉，也极有可能是卧病太久，不知现在流行什么样的妆容，因此请人帮忙，央求的声音像黄莺一般娇滴滴。等到妆成，她扭捏了半天才照镜子，一是羞怯，二是因为病得太久，自觉形容憔悴而不敢揽镜自照，明明是十分娇美，却觉得美中不足。

通过动作、神态等细节的描绘，把女子又喜又愁的爱美情态描绘得形象而生动。

菩萨蛮(惜春春去惊新燠)

菩萨蛮

惜春春去惊新燠①,粉融轻汗红绵扑②。妆罢只思眠,江南四月天③。绿阴帘半揭,此景清幽绝。行度竹林风,单衫杏子红④。

【注 释】

①新燠:指天气渐渐转热。燠,暖、炎热。

②粉融轻汗红绵扑:化用唐代白居易《和梦游春》:"朱唇素指匀,粉汗红绵扑。"

③四月天:指农历四月,初夏时节。

④单衫杏子红:化用古乐府《西洲曲》:"单衫杏子红,双鬓鸦雏色。"

【译 文】

  融融春日渐渐逝去,猛然发觉炎热接踵而来,细细的汗珠将脸上的薄粉微微化开,用红色的粉扑细细上妆。这江南的初夏时节,让化好妆的人只想躺下好好歇息。

  将窗帘轻轻卷起半扇,外面是浓郁的树荫,这番景色真是清幽极了。披上杏子红的单衫,行到静谧的竹林深处,岁月静好。

【赏析】

　　这首词提到了江南，词人确实曾到过江南，但却是在冬季，因而词中所说的"江南四月天"大抵不是真实所见。而词人的红颜知己沈宛出身江南，词中景致或许正是沈宛口中所述。

　　词中描绘了一位女子随意地坐在镜前，看着镜中的自己，眉眼间还带着惜春的意思，而此时已经是初夏，炎热的气息在屋内屋外浸染，让她额间渗出了细密的汗珠。她拿起红色的粉扑重新上了妆，闲适地想要睡去。轻靠在窗边，看见帘外是一抹化不开的绿意，清幽绝美。在这大好的时光中，她披上单衫，缓缓走进竹林深处。江南四月里的妙人儿，慵懒而美好。

临江仙（长记碧纱窗外语）

临江仙

　　长记碧纱窗外语，秋风吹送归鸦。片帆从此寄尺涯①。一灯新睡觉，思梦月初斜。

　　便是欲归归未得，不如燕子还家。春云春水②带轻霞。画船人似月③，细雨落杨花④。

【注 释】

①**尺涯**：咫尺天涯，意为相隔遥远，难以相见。

②**春云春水**：化用南宋高观国《霜天晓角·春云粉红》中的"春云粉色，春水和云湿"。

③**画船人似月**：化用唐代韦庄《菩萨蛮·人人尽说江南好》："垆边人似月，皓腕凝清霜。"

④**杨花**：柳絮。

【译文】

还记得绿纱窗外的临别寄语，那时正是黄昏，秋风正吹送着乌鸦回巢。一叶孤舟，就这样与你远隔千山万水，难以相见。一觉醒来，烛光还在摇曳，还记得方才你在梦中出现，而此时，月亮已经西斜。

就算是想要回去也没有办法回去，还比不上燕子，可以年年回家。春天的云朵和湖水笼罩着霞光，装饰华美的小船里，佳人如同月亮般美丽，细细的春雨打落了飘散的柳絮。

【赏析】

这是一首离人在外思乡怀人的词。首句"长记"是分别时的情形，两人在秋季分别，当时乌鸦正要回巢，主人公也觉得自己不久即可回家。告别之后，天涯孤旅，两地相思，夜晚睡不着，辗转难眠，希望能做个美梦。

下阕已是春季，看着燕子纷纷回家，主人公忽然觉得自己连燕子都不如，想要回家却回不去。他渐渐睡去又做起梦来，傍晚时候的霞光映着春天的云彩和湖水，美不胜收。月亮升起的时候，心爱的女子与自己一起轻荡着小船。浪漫主义的梦幻在最后落入了对景色的描绘之中，情深而意远。

临江仙(点滴芭蕉心欲碎)

临江仙

　　点滴①芭蕉心欲碎,声声催忆当初。欲眠还展旧时书。鸳鸯小字②,犹记手生疏。

　　倦眼乍低缃帙③乱,重看一半模糊。幽窗冷雨一灯孤。料应情尽,还道有情无?

【注 释】

①点滴:此处指雨滴打落在芭蕉叶上。

②鸳鸯小字:出自纳兰性德的好友顾贞观的《踏莎美人·吹落瑶华》"鸳鸯小字三生语"。

③缃帙:原指用来装书画卷轴的浅黄色套子,此处代指书籍字画。缃,浅黄色的帛,专用于书画卷轴。帙,书画卷轴外面的套袋。

【译 文】

　　夜雨打落在芭蕉叶上,发出滴滴答答的声音,一声一声,让人想起从前的时光,惹得人心碎。想要睡了,却还是忍不住打开过去曾写下的书卷,字里行间的浓情蜜意让人想起当初书写时还不熟练的样子。

　　困倦的双眼看着看着快要合上了,低头弄散了书卷,想要再好好看一遍，眼前却是模糊一片。寂静的窗户外是冰冷的夜雨，窗内一盏孤零零的灯火。想来深情或许都已经耗尽了吧，可是谁又说得清是无情还是情不了呢？

【赏　析】

　　这首词是词人雨夜怀人之作，起句进行声音描写，从雨打芭蕉的声音入笔，勾起对往昔的回忆。想要睡却又因为"心碎"而不忍睡去，独自披衣翻看过去的"书"。后句化用明代王彦泓《湘灵》"戏仿曹娥把笔初，描花手法未生疏。沉吟欲作鸳鸯字，羞被郎窥不肯书。""鸳鸯小字"指代情意绵绵的词章，因为羞怯而显得生疏。

　　下阕描绘了词人一卷又一卷地翻看过去的书卷，直到泪眼模糊再也看不下去，思念之深可见一斑。最后又回到景色之中，夜雨、孤灯的情景，一个反问，究竟是自己太无情，还是因为自己的深情已经耗尽？没有人知道，感人至深。

临江仙（昨夜个人曾有约）

临江仙

　　昨夜个人①曾有约，严城②玉漏三更。一钩新月几疏星。夜阑③犹未寝，人静鼠窥灯。

　　原是瞿塘④风间阻，错教人恨无情。小阑干外寂无声。几回肠断处，风动护花铃⑤。

【注释】

①**个人**：指那一个人。

②**严城**：夜间戒备森严的城池。

③**夜阑**：指夜晚快要结束的时候。阑，将尽。

④**瞿塘**：指长江上的瞿塘峡。

⑤**护花铃**：为了保护花朵不被鸟雀啄食而设置的铃铛。

【译文】

　　昨夜与那个人约了见面，城中戒备森严，夜已过三更。夜空中挂着弯弯的月亮和稀疏的星星，夜晚快要结束的时候依然没有睡意，屋子里静悄悄的，老鼠暗地里偷窥着油灯里的油。

　　会不会是因为瞿塘峡口的风太大阻碍了你的行程，还让人错怪你太过无情。栏杆外没有一点声音，心中正惆怅的时候，微风吹动了护花的铃铛，发出清脆的声音。

【赏析】

　　这首词描绘的是词人与人有约，独坐整夜等待着，满心期待又埋怨那人有约不来的心情。上阕描绘那人有约不来，词人心中充满期待与惆怅，足足等到天快要明。寂静的夜晚除了老鼠之外再无其他。

　　下阕起句便是心中的猜测，或许是因为天气的原因，所以那人今晚来不了，并不是因为无情。最后将满腔的愁思融入窗外的景色，寂静无声处，铃声轻荡，更显得整首词意蕴婉转，回味悠长。

鬓云松令(枕函香,花径漏)

鬓云松令①

枕函香,花径漏。依约相逢,絮语黄昏后。时节薄寒人病酒②。划地③东风,彻夜梨花瘦。

掩银屏,垂翠袖。何处吹箫,脉脉情微逗④。肠断月明红豆蔻。月似当初,人似当初否?

【注释】

①鬓云松令:词牌《苏幕遮》的别名。

②病酒:因为过量饮酒而病恹恹的样子。

③划地:一味地,无尽地。

④逗:撩动。

【译文】

枕头里还残留着香味,开满花朵的小道还透露着春光。按照约定与你相见,在黄昏来临时互相诉说心中的话语。现在这个时节天气越来越寒冷,人总是喝多了酒而病恹恹的,东风一整晚都不停歇,将满树的梨花都吹落。

合上镶银的屏风,翠绿的衣袖低低地垂着。哪里传来吹箫的声音,撩动着彼此的深情?惆怅的月光流泻在鲜红的豆蔻上,月亮还像当初那样,可人还像当初那样吗?

【赏析】

本词是词人早期的作品,开篇便是回忆,花径相约,絮语绵绵,全词似乎是在怀恋自己的初恋。作为名门之后,词人的年少生活总是被安排得满满当当,从清晨到黄昏,读书习武,骑马射箭,毫无自由时间,只有在黄昏时才有一点空闲,因此在词人的许多诗词中,描绘的往往是黄昏的景致。后两句便是分别后的情形,举杯浇愁,人比梨花消瘦,此处既是说梨花,其实也是在写人。

下阕写箫声响起,词人心中更加惆怅。豆蔻是指十三四岁的少女,因为豆蔻的花蕊两两相对,因此常常象征着两情相悦,此处代指自己的一片真情如同月亮一样,未曾改变。末句反诘意味着对方已经不再像当初了,透露出词人一片真心被辜负的惆怅与遗憾。

鹊桥仙(倦收缃帙)

鹊桥仙

倦收缃帙①,悄垂罗幕,盼煞一灯红小。便容生受博山香②,销折得、狂名多少。

是伊缘薄,是侬情浅,难道多磨③更好。不成④寒漏也相催,索性尽、荒鸡⑤唱了。

【注 释】

① 缃帙：浅黄色的布袋，专用于盛放书画卷轴。
② 便容生受博山香：容，容许，允许。生受，享受。博山香，博山熏香，用青铜或陶瓷制成的形状如同豆子的香炉，上端有盖子，盖子如重恋叠嶂，并雕刻有各种飞禽走兽，象征着传说中海上仙山之一的博山。
③ 多磨：指好事多磨。
④ 不成：用于句首，表示反诘。
⑤ 荒鸡：指在三更之前打鸣的鸡，是不详的征兆。宋代苏轼《召还至都门先寄子由》："荒鸡号月未三更，客梦还家得俄顷。"

【译 文】

深夜独自翻阅书卷，却无心读书，任由房中的帷幕轻轻垂下，盼望着灯烛能快些燃尽。就容许我好好享受这博山熏香，狂放的名声能够抵消多少？

究竟是与她的缘分太浅，还是你的感情太浅，难道好事非要多磨才更好？寒夜里时钟也来催促，干脆不再睡去，直等长夜结束、鸡鸣响起。

【赏 析】

上阕词人追忆自己与所爱之人不被世俗容忍的浓情蜜意，下阕是分别后的迷惘与惆怅。常有人认为这首词是为悼念亡妻卢氏而作，但词中表露的情绪十分晦涩，"销折得、狂名多少"，分明是词人的自况。

词人出生于富贵之家，前途坦荡，他羡慕江湖文人的快意，在三十岁时与汉人女子沈宛情深意笃,这一切都是世俗所不容许的。缘薄情浅,好事多磨,可以猜测这是词人在世俗与沈宛之间的迷惘,也可以看作这是词人在富贵生活与江湖快意之间的迷惘。

百字令(人生能几)

百字令

人生能几,总不如休惹、情条恨叶①。刚是尊前同一笑②,又到别离时节。灯炧③挑残,炉烟爇④尽,无语空凝咽⑤。一天凉露,芳魂此夜偷接⑥。

怕见人去楼空,柳枝无恙,犹扫窗间月。无分暗香深处住,悔把兰襟⑦亲结。尚暖檀痕,犹寒翠影,触绪添悲切。愁多成病,此愁知向谁说。

【注 释】

① **情条恨叶**:出自宋代洪荼《水龙吟·追和晁次膺》中的"念平生多少,情条恨叶,镇长使、芳心困"。

② **刚是尊前同一笑**:化用明代王彦泓《续游十二首》"又到尊前一笑同"。

③ **灯炧**(xiè):灯烛。

④ **爇**(ruò):燃烧。

⑤ **无语空凝咽**:化用宋代刘永《雨霖铃·寒蝉凄切》中的"执手相看泪眼,竟无语凝噎"。

⑥接:见,会合。
⑦兰襟:指知心的朋友。襟,衣带,彼此衣带连着衣带,彼此心连心。

【译 文】

　　人的一生能有多少时光?对于情这种东西还是不要去招惹得好,爱与恨像树的枝叶一般繁茂。才与她共举酒杯一同欢笑,转眼又到了分别的时候。灯烛中的灯芯已经烧完,香炉中的熏香也全部烧尽,彼此哽咽着说不出话来。天气微凉,露水降下,今晚与你的魂魄偷偷相会。

　　害怕看见那人去楼空的场景,只有窗前的柳树枝没有什么变化,依旧低垂着阻隔月光。没有机缘的幽幽香气偏偏往我内心深处飘去,后悔与她结成知心同伴。还带着些许温度的浅红色泪痕,以及依然带着一丝寒气的碧绿身影,触动我的心绪,令我愈加悲戚起来。心中的愁思如同患病一般,可是这样的愁绪不知该向谁诉说。

【赏 析】

　　本词一开始便是词人的感慨,人生苦短,情最难惹。紧接着便是原因:欢乐短,离别近,只能在深夜中与心爱之人偷偷相会。下阕描绘着离别之后,人去楼空、物是人非的景象,无限的痛苦让词人后悔自己如此深情。四周的每一样东西、每一个影子都让词人觉得悲愁交加。

　　整首词用语十分简单,多用白描手法,寓情于景,"芳魂此夜偷接"一句,可以看作是词人悼念亡妻而产生的幻觉,但也可以理解为梦中与心爱之人魂梦相接,充满了扑朔迷离的感觉。而词中虽然表达出物是人非的惆怅,但却不似悼亡词般幽怨凄凉,因此当作情词亦可。

南乡子（烟暖雨初收）

南乡子

　　烟暖雨初收，落尽繁花小院幽。摘得一双红豆子①，低头。说著分携泪暗流。

　　人去似春休，卮酒曾将酹石尤②。别自有人桃叶渡③，扁舟。一种烟波各自愁。

【注 释】

- ①红豆子：指红豆。唐代王维《相思》："红豆生南国，春来发几枝。愿君多采撷，此物最相思。"后世以红豆代指相思之情。
- ②石尤：石尤风，指阻碍远行的逆风。传说古时有商人尤某娶妻石氏，尤某不顾妻子阻拦，执意远行。后尤某远行不归，石氏相思而死，立誓化而为风，为天下妇人阻挡远行商人。
- ③桃叶渡：位于今南京市。东晋王献之曾送爱妾桃叶至秦淮渡口，故名。后世多指情人分别之地。

【译 文】

　　细雨渐渐停歇，远处升起暖暖的烟雾。院子中盛开的花朵被雨水打落，一片幽静。从相思树上摘下一双红豆，黯然神伤，低下了头。想要说彼此都带着相思的红豆，眼泪却默默流了下来。

你要像春日逝去一样地离开，我举着酒杯想将你灌醉，如那石尤风一般阻拦你的行程。送行再远也总有分别的时候，在桃叶渡话别，看你乘坐的一叶扁舟走远。同样的分别，各自却有不同的离愁。

【赏析】

本词历来被视作描写情人离别之词，"红豆"为相思的象征，"石尤"是夫妻不愿分离的典故，"桃叶渡"是情人离别之所。开篇点明离别的时间为花落时节，联系下阕的"春休"，应当是春末夏初。据考证时间约为康熙十五年初夏，此时的词人送友人严荪友南归。因此也可以看作是以严荪友之妻的口吻所作的送别诗。在《瑶华集》收录的版本中还有一个副标题，名为《孤舟》，也许是词人在见到一叶孤舟之后，回想起过去与心爱之人离别的场景，勾起了自己幽怨的情思。全词通过对"雨初收""落尽繁花"等环境描写，以女子的口吻，按时间顺序描绘了从"将要离别"到"举酒饯别"，再到"渡口话别"，细腻地表达出词人心中的离愁、哀怨。

红窗月（燕归花谢）

红窗月

燕归花谢，早因循、又过清明①。是一般风景，两样心情。犹记碧桃②影里、誓三生③。

乌丝阑纸娇红篆,历历④春星。道休孤密约,鉴取⑤深盟。语罢一丝香露湿银屏。

【注释】

① 早因循、又过清明:化用宋代王雱《倦寻芳·露晞向晚》:"算韶华,又因循过了,清明时候。"因循,道家用语,顺应自然。

② 碧桃:一种植物,开艳丽花朵。《续青琐高议》中描绘鲁敢遇见桃花源,即"碧桃艳杏,香凝如雾",西真说:"他日与君人间还,双栖于此。"

③ 三生:指前生、今生和来生。

④ 历历:指清晰的样子。《古诗十九首》中有"玉衡指孟冬,众星何历历"。

⑤ 鉴取:察知、了解。

【译文】

燕子已经归来,盛开的花朵都已凋谢,自然变迁,转眼到了清明时节。与过去同样的风景,却是完全不一样的心情。还记得在桃树下,两个人约定三生三世永不分离。

黑色的印章上篆刻着红色的誓约,如同春日夜空中的星星般清晰分明。你的声音在耳边响起:"不要只记得过去的亲密约定,现在的山盟海誓也要放在心上。"一直诉说着心事直到深夜,清露落在了镶银的屏风上。

【赏析】

这是一首清丽的情诗。上阕由暮春景色起笔,时光流逝,"又过清明","又"字引领下文,追忆起往事。一样的风景却是不一样的心情。

约定三生,篆刻印章为信物,深怕对方变心。即便是在交换定情信物之后,依然在心中担忧对方会忘记种种约定,在深夜诉说曾经的山盟海誓。最后一句意在景外,使词的意境更加悠远。

这首词饱含小儿女的柔情,彼此心意相许而又患得患失,词人曾与自己的表妹私定终身,但最终还是分离,本词的情态更符合初恋的心情。

天仙子(月落城乌啼未了)

天仙子

月落城乌①啼未了,起来翻为无眠早。薄霜庭院怯生衣②,心悄悄③,红阑绕。此情待共谁人晓。

【注释】

①**城乌**:栖居在城楼上的乌鸦。

②**生衣**:指夏衣。

③**心悄悄**:忧愁的样子。出自《诗经·柏舟》中的"忧心悄悄,愠于群小"。宋代女词人张玉娘所作《山之高》中有"一日不见,我心悄悄"。

【译文】

月亮渐渐落下,城楼上的乌鸦啼鸣不休,因一夜无眠而早早起床。初秋的天气落下了薄薄的霜,穿着单薄的夏衣站在院子中,有些受不了凉气，心中一片忧愁，在红色的栏杆处徘徊。这份思念该交付给谁呢？

【赏析】

本词运用白描的手法，描绘了主人公黎明时分独自站在小院中的情形，在词的最后点明主旨，表达了主人公哀愁孤独的心情。开篇便点明时间，黑夜快要过去，日升月落，而主人公并不是因事早起，而是因彻夜难眠。"薄霜"是指早秋时分，身穿夏衣的主人公移步院中倍觉寒凉。早已分不清春夏秋冬，想起了那个总是会提醒自己添衣的人，此时不在自己的身边。结尾强调此情可待成追忆，只是无人知晓，充满了隐秘而忧伤的感情。

蝶恋花（眼底风光留不住）

蝶恋花

眼底风光留不住①。和暖和香，又上雕鞍去②。欲倩烟丝遮别路，垂杨那是相思树。

惆怅玉颜成间阻③。何事东风，不作繁华主。断带依然留乞句，斑骓一系无寻处④。

【注释】

①眼底风光留不住：意为送别。化用宋代辛弃疾《蝶恋花·继杨济翁韵饯》

范南伯知县归京口》:"有底风光留不住。"

②**和暖和香,又上雕鞍去**:化用明代王彦泓《骊歌二叠》:"怜君辜负晓衾寒,和暖和香上马鞍。"

③**闲阻**:间阻,间隔。

④**断带依然留乞句,斑骓一系无寻处**:你割下的衣带上,还有着你向我求诗的话语,转身却不见了你的身影。断带,出自唐代李商隐的《柳枝诗序》,柳枝割断衣带交给李商隐的堂弟,希望能求取诗作。李商隐非常感动,相约见面,约期将至却因故爽约。

【译 文】

眼前的风景再美也难以留住,风儿暖暖的,带着花香,离人又跨上马鞍,将要远行。想要求取这烟雾般的柳丝遮住分别的道路,可是低垂的杨柳哪里是那传说中有灵性的相思树呢?

你这一去,那美丽的脸庞我再也看不到,东风无情,留不住华丽的梦。割断的衣带上还留着你向我求诗的语句,马儿载着离人走远,再也看不见身影。

【赏 析】

这是一首送别词。大部分解读都认为这是佳人送别离人,上阕是佳人的角度,下阕是离人的角度,但读来却觉得是词人送别佳人之作。上阕"暖""香""烟丝"表明时间是春季,大好的春光却没有办法留住,因为即将分别,别后很难再见。眼看要到分别的地方,词人产生了奇异的想法:心里期盼柳丝像烟雾一样遮住离人的去路。但是柳树不是相思树,不会因为人的情感而有什么变化。

下阕便是真正到了分别的时刻,佳人美丽的脸庞从此将远隔千山万水,难以再看见,词人心中不禁惆怅起来。埋怨这春风留不住春日的繁华,此处"东风"也可以理解为皇权,既是指繁华易逝,也是指有权势之人阻碍着两人之间美好的生活。结句依旧借用歌伎柳枝的典故,也暗指了佳人的身份。因此可以猜测,这首词是词人迫于身份压力送别沈宛之作。

蝶恋花(又到绿杨曾折处)

蝶恋花

又到绿杨曾折处①。不语垂鞭②,踏遍清秋路③。衰草连天无意绪,雁声远向萧关④去。

不恨天涯行役⑤苦。只恨西风,吹梦成今古。明日客程还几许,沾衣况是新寒雨。

【注 释】

①**又到绿杨曾折处:** 再次回到曾经折柳送别的地方。古人在送别或离别时,常常会折下杨柳枝相送,因为"柳"与"留"同音,表达挽留之意。折柳意味着怀远、惜别。

②**不语垂鞭:** 不用鞭子催促马儿,意思是骑马慢慢地前行。化用唐代温庭筠《赠知音》:"不语垂鞭上柳堤。"

③**踏遍清秋路:** 马蹄踏在深秋的路上。出自唐代李贺《马诗·其五》:"何当金络脑,快走踏清秋。"清秋,指深秋。

④萧关：古代关口名，位于现在的宁夏回族自治区固原市境内。此处泛指边关、边塞。

⑤行役：古时服兵役或者劳役，因公远行等称为行役。

【译文】

又到了曾经折柳送别的地方，不再催促马儿，慢慢地由着马蹄踏遍这深秋的道路。枯黄的野草广袤无边，让人觉得心中空荡荡，大雁排着队往远方的边关飞去。

不怨这远行的旅途太艰苦，只怨这西风太无情，吹散了古往今来许多美梦。明天还有许多路途要走，冰凉的雨打湿了衣衫。

【赏析】

本词创作于康熙二十一年秋，词人此时奉命领兵远征。三月时曾经随驾出山海关，如今再次经过山海关，因此开篇用"又"，故地重游，依依惜别的场景在脑海中再现。纵马漫行，情景交融地描绘了大片的枯黄野草，离离原上草又让词人联想到"又送王孙去，萋萋满别情"的离别情景。正在这时，大雁飞过，古人常用鸿雁代指信使，也常代表着思乡怀人的情绪。

下阕笔锋一转，不怨行役苦，而是怨西风，表达了词人与友人天各一方的悲哀。"今古"大大拓展了词的空间，使整首词更加开阔、苍茫。结句又重新转回现实，百般无奈的心绪又涌上心头。

蝶恋花（萧瑟兰成看老去）

蝶恋花

萧瑟兰成①看老去。为怕多情，不作怜花句。阁泪②倚花愁不语，暗香飘尽知何处。

重到旧时明月路。袖口香寒，心比秋莲苦。休说生生③花里住，惜花人去花无主。

【注 释】

①兰成：北周的庾信小字兰成，此处是作者的自称。

②阁泪：形容眼中含泪的模样。

③生生：世世代代。

【译 文】

俊迈聪颖的自己已经在孤独寂寞中渐渐衰老。担心展露自己多情的本性，不再写那些感叹花开花谢的词句。含着泪水靠在花丛边，满心愁思却说不出口，花朵幽幽的香气一点点飘远，不知将去往何处。

重阳节再次走上那条月光下的小道。袖口还残留着香气，心情比深秋的莲子还要苦上千百倍。不要再说什么永生永世待在花丛边了,真正爱花的人离开了,没有主人照料的花朵只能独自凋零了。

【赏 析】

上阕描绘词人如今的状态,原本俊朗的模样逐渐衰老。但经考证,本词应该作于康熙十六年前后,当时词人正值青春年少。一个"看"字赋予这首词以动态的描绘,词人眼看着自己一点点地老去,这"老"其实是一种心境的老去,不敢再写下表达怜爱的词句,怕被人笑话。本词中反复出现的"花"可理解为心爱之人,心爱之人已离去,无法相伴。

下阕则写旧地重游的心情。月下,无眠的词人重游旧地,只觉得心中苦痛万分。结句用象征的手法点出了自己不得不离开"花"的无限痛苦,以及"花"飘落凋零的结局,感慨万分。

蝶恋花(露下庭柯蝉响歇)

蝶恋花

露下庭柯①蝉响歇。纱碧如烟,烟里玲珑②月。并著香肩无可说,樱桃③暗解丁香结④。

笑卷轻衫鱼子缬⑤。试扑流萤,惊起双栖蝶。瘦断玉腰⑥沾粉叶,人生那不相思绝。

【注 释】

①庭柯:庭院中的树木。

②**玲珑**：指透彻晶莹的样子。

③**樱桃**：指女子的嘴。唐代白居易曾描绘家姬樊素与小蛮"樱桃樊素口，杨柳小蛮腰"，后世以"樱桃"代指嘴，尤其是女子的嘴。

④**丁香结**：丁香的花蕾结团，古人常用以比喻忧愁郁结。

⑤**鱼子缬**：一种特殊的织物扎染技法。缬，系。

⑥**玉腰**：指蝴蝶。唐代温庭筠曾有"蜜官金翼使，花贼玉腰奴"之句。

【译 文】

露水落在院子里的大树上，蝉的鸣叫声渐渐停歇。绿色的薄纱窗远远看去如同烟雾一般，在这片烟雾中隐约看见一轮皎洁的月亮。和你一起依偎着不必多说，你一开口便将我心中的愁绪解开。

笑着把薄薄的外衫和衣带系起来。试着去扑抓飞舞的萤火虫，无意间惊起了花丛中停歇的蝴蝶。纤细的蝴蝶沾上了叶子上的花粉，人生处处是相思，令人相思断肠啊。

【赏 析】

这首词描绘了一个清丽的夏日夜晚，上阕是由室内向外看的景色，露水浓浓，蝉声停歇，透过绿色的纱窗看见晶莹的月亮。此时屋里的两个人互相依偎，佳人的一句话就把词人满心的忧愁全都解开。

下阕则是描绘室外的景色，夏夜萤火虫四起，佳人卷起自己的衣衫，悄悄去捕捉萤火虫，却把成双成对的蝴蝶惊了起来。佳人的情态生动俏皮，而词人瞬间闪回现实，原来屋内两人相互依偎与佳人捕捉萤火虫的情景都是追忆。而眼前的蝴蝶让词人联想到了过去。先扬后抑的手法，表现出词人内心的相思之痛。

秋千索(药阑携手销魂侣)

秋千索①

药阑②携手销魂③侣,争④不记、看承⑤人处。除向东风诉此情,奈竟日、春无语。

悠扬扑尽风前絮,又百五⑥、韶光难住。满地梨花似去年,却多了、廉纤雨。

【注释】

①秋千索:词牌名,原名《拨香灰》,纳兰性德将词牌名更为《秋千索》。
②药阑:指芍药阑。宋代词人赵长卿《长相思》有"药阑东,药阑西,记得当时素手携"。
③销魂:因为刺激过度而魂魄离体,多用于形容痛苦之情。
④争:同"怎"。
⑤看承:看待、对待,此处意为相迎。宋代女词人吴淑姬《祝英台近》有"曲曲屏山,温温沉水,尽是旧看承人处"。
⑥百五:从冬至到下一年清明刚好一百零五天,故称百五。

【译文】

在芍药阑旁牵起至爱的手,怎么能不记得那时特意相迎的情景？只能向春风诉说这份感情，怎奈一整天春风都没有任何回应。

柳絮在春风里飘扬着，渐渐消失不见，从冬至到清明，时光飞逝，难以挽留。梨花如同去年一样被春风吹落满地，不同的是今年多了细密的春雨。

【赏 析】

在《瑶华集》中，本词的副标题为"无题"；在《国朝词综》中，副标题为"渌水亭春望"。按照词的内容，确是作于春季，情感与唐代李商隐的《无题》相仿，似乎是在怀恋某人，抒发心中孤独的惆怅。

整首词由春风贯穿，起句是回忆旧时相迎的情景，但如今一片痴情却只能付与春风，向春风倾诉自己的爱与忧愁。但是在春风中站立了整整一天，春风都没有回应这一份倾诉。下阕描绘词人独自所见的孤独景色，春风吹尽了翻飞的柳絮，时光匆匆难挽留。而梨花又被春风吹落满地，也吹来了绵绵细雨。

词似乎是在怀念恋人，但是整首词都在描述着春风，似乎是春风不解相思苦，而这春风其实是恋人的象征。梨花雪白晶莹，却极易凋落，就好比是词人那份心，被不解风情的春风吹落满地，只能暗自流泪。

秋千索（游丝断续东风弱）

秋千索

游丝①断续东风弱，浑无语、半垂帘幕。茜②袖谁招曲槛边，弄一缕、秋千索。

惜花人共残春薄,春欲尽、纤腰如削。新月才堪照独愁,却又照、梨花落。

【注释】

①**游丝**:形容十分微弱的样子,如同蛛丝般飘荡,随时会断裂。
②**茜**:指绛红色。

【译文】

春风一日不似一日,春的气息越来越弱,慵懒得不愿说话,任帷幕低低地垂着。弯曲的窗边,是谁挥着绛红色的衣袖在秋千上玩耍。

怜爱春花的人和这微弱的春色一般一点点憔悴起来,春天将要过去,腰肢消瘦得如同削过。一弯纤细的月亮照着满腹忧愁的人,转而又照着凋零的梨花。

【赏析】

在《瑶华集》中本词副标题为"春闺",描绘了暮春时莫名的春愁,情感扑朔迷离。上阕开篇便写春已将尽,主人公因为满腹愁绪而沉默无言,枯坐在房中,此处是静景描绘。下句忽见窗外绛红的衣袖招展,有人在秋千上玩耍,动作的描绘反衬出房中主人公的寂寞惆怅。

下阕描绘主人公如同这春天一般,渐渐衰弱憔悴,显然不是因为春天的关系,而是因为自己满心春愁。他看见暮春景色感到内心憔悴,春天要走了,主人公一下子瘦了。深夜的月光洒落在无眠的主人公身上,他不再害怕自己的愁容被人发觉，独自走出房间，却看见了月光洒落在凋零的梨花上。梨花象征着主人公易碎的心，此时已经全然凋零了。

好事近（帘外五更风）

好事近

帘外五更风①，消受②晓寒时节。刚剩秋衾一半，拥透帘残月。争教③清泪不成冰？好处便轻别。拟把伤离情绪，待晓寒重说。

【注 释】

①帘外五更风：化用宋代无名氏《浪淘沙·帘外五更风》中的"帘外五更风，春梦无踪"。
②消受：受用、享用。此处意为忍受。
③争教：怎教。

【译 文】

五更时分的寒风透过帘幕吹进屋中，寒冷的黎明最难忍受。独自入眠，就连被子也似乎多出了半床，淡淡的月光透过帷幕洒落在床上。

怎能教眼泪不结成冰呢？在最美满的时候却轻言离别。准备等到寒冷黎明时分再去诉说这份离愁。

【赏 析】

破晓时分，寒风从帷幕外吹来，将独眠的主人公冻醒，他拉了拉身上的棉被,似乎多出了半床,原本应当是鸳鸯共眠,如今却只有主人公一个人。月亮慢慢下沉,月光透过帘幕落在床上,似乎是拥着冰冷的月光入眠一般。词人描绘了寒冷、凄清的破晓景象。

下阕紧承上阕,一个自问自答:为什么泪水结成了冰?一是因为天气寒冷,眼泪似乎都要结冰;二是因为泪流不止,不断流下的泪水渐渐地结成了冰。而泪流不止的原因,便是在最美满的时候轻言离别。这样的离愁别绪让人毫无办法,也无从诉说,只能埋藏于心中,挨过一天又一天。

好事近(何路向家园)

好事近

何路向家园,历历残山剩水①。都把一春冷淡,到麦秋②天气。
料应重发隔年花③,莫问花前事。纵使东风依旧,怕红颜不似。

【注释】

①**残山剩水**:出自南宋范成大《万景楼》:"残山剩水不知数,一一当楼供胜绝。"
②**麦秋**:指农历的四五月份,此时麦子成熟,而农作物常在秋天丰收,因此称此时为麦秋。
③**料应重发隔年花**:据说南唐后主李煜曾与大周皇后在瑶光殿附近种下梅花,等到梅花盛放的时候,大周皇后已病逝,李煜因此感慨:"失却烟花主,东风不自知。清香更何用,犹发去年枝。"

【译文】

走哪一条路能回到家乡去呢？满目尽是战争后残破的山河。整整一个春天都没有回到家中，如今已经到了麦子成熟的季节。

想到院中的树已经第二度开花，却不敢再问过去的情与爱。就算这春风依旧吹拂着，也怕佳人的容颜不再如昨日那般。

【赏析】

词人羁旅在外，原本美好的山水风光，在他的眼中只剩下残破的山河。本词大致作于词人随扈前往奉天、吉林时，为康熙二十一年。此时因为战乱而导致满目疮痍，词人也因为战乱足足有一春未归。

下阕是对家中恋人的思念，共同栽下的花已经开了，但是词人却始终未归，花前许下的誓言也不知何时才能实现，此处的"莫问"不是不要问，而是不敢问的意思。就算春风依旧，词人也担心等待自己归家的她因为思念自己而形容憔悴。这里分明是写词人思念家中爱人，却从对方着笔，描绘自己担心对方会因思念自己而面容憔悴，婉转而情深。

山花子（昨夜浓香分外宜）

山花子

昨夜浓香分外宜，天将妍暖护双栖①。桦烛②影微红玉③软，燕钗④垂。

几为愁多翻自笑，那逢欢极却含啼⑤。央及⑥莲花清漏滴，莫相催。

【注释】

①妍暖护双栖：天气晴朗、温暖。妍，美好。暖，暖和的天气。双栖，指夫妇、朋友之间感情深厚，此处指夫妇。

②桦烛：用桦木皮包裹蜡烛作照明用。

③红玉：原指红色玉石，此处指女子肌肤色泽红润如玉。出自《西京杂记》卷一，形容汉成帝的皇后赵飞燕"色如红玉"。

④燕钗：制成燕子形状的玉钗。传说神女曾赠汉成帝玉钗，之后白玉钗化作白燕飞走，于是宫人仿照燕形制成玉燕钗。

⑤几为愁多翻自笑，那逢欢极却含啼：化用明代王彦泓《鳜绪三十二韵》："悔多翻自笑，怨极不能羞。"

⑥央及：恳请、请求。

【译文】

昨天晚上浓烈的香味闻起来十分宜人，天气晴朗温暖，正适合夫妇双宿双栖。烛光摇动下佳人的肌肤红润如玉，头上的发钗垂落在旁。可能是因为太过忧愁，反而自顾自地笑起来，越是欢乐的时候越是想要哭泣。恳求莲花漏不要滴滴答答地不停催促。

【赏析】

本词十分香艳浓丽，内容是回味夜间与佳人双宿双栖、共度春宵的场景。上阕开篇即写"浓香"，既可以理解为熏香浓烈，也可以指佳人身上的香气让人喜爱。天气转暖，可见春日将近，万物复苏的时节最适合情人缠绵。紧接着便是描绘佳人在灯下的娇美模样，爱怜至极。

下阕可以理解为彼此倾诉自己心中的痛苦和烦恼，以及且喜且悲的知己体会。结局埋怨时间流去太匆匆,共处的时间太短。有学者认为本词是回忆新婚之夜所作,但是用词浓艳,应当不适合用于新婚回忆,具体所指有待考证。

清平乐(风鬟雨鬓)

清平乐

风鬟雨鬓①,偏是来无准。倦倚玉阑看月晕②,容易语低香近③。软风吹过窗纱,心期④便隔天涯。从此伤春伤别,黄昏只对梨花。

【注 释】

①风鬟雨鬓:出自唐代李朝威《柳毅传》中的"见大王爱女牧羊于野,风鬟雨鬓,所不忍视"。

②月晕:一种自然现象,月光透过云朵时受到折射而形成的光环。

③容易语低香近:出自宋代晏几道《清平乐·心期休问》:"勾引行人添别恨,因是语低香近。"

④心期:心中期许、打算。

【译 文】

　　头发蓬乱、形容憔悴地前来赴约,偏偏总是不准时。困乏的时候倚靠在白玉栏杆旁看着月亮泛出的光华。低声地互相说着话,她身上的香味扑面而来。

　　轻柔的风吹过纱窗,与心中所爱之人天涯相隔。从此每年春天都会为春逝和离别而伤感,黄昏闲暇再也不愿做别的事,只想静静地对着洁白的梨花思念对方。

【赏　析】

　　这是一首怀人词,怀念过去与情人约会的场景。"风鬟雨鬓",原本是指女子因辛勤劳作而头发散乱的模样,后世渐渐用以形容女子形容憔悴、不着修饰。一般认为,如此不着修饰便匆忙来赴约,总是迟到不守时,可见词人的这个情人是很难出来赴约的,因此总是费尽周折才能见上一面。但"偏是"两字表达出词人已经多般批评她,要她守时赴约,但是她偏偏要迟到。她不爱细心打扮,冒冒失失,总是迟到,分明是调皮少女的作风。

　　据《赁庑剩笔》记载,词人与自己的表妹私定终身,后因故分离。结句"黄昏只对梨花","梨花"即"离花",分离之花。

清平乐(画屏无睡)

清平乐

画屏无睡,雨点惊风碎。贪话零星兰焰[①]坠,闲了半床红被。
生来柳絮飘零,便教呪[②]也无灵。待问归期还未,已看双睫盈盈。

【注　释】

①兰焰:灯烛的美称。
②呪:同"咒",祈祷之意。

【译文】

　　屏风装饰华美，人还没有入眠，落下的雨珠被忽然刮起的风吹得四处飞散。贪图互诉衷肠的暖意，灯烛渐渐熄灭，灯花悄悄坠落都没有发觉，却发现空出了半条棉被来。

　　此生注定像柳絮般随风飘零，无论用什么方法祈祷都不会改变这样的命运。想要问归家的日子什么时候才到，看见她的睫毛上已经沾满了晶莹的泪水。

【赏析】

　　这首词是写离别后的追忆，有人说是词人别后思念妻子，也或者是思念情人，难以明断。词中描绘的缱绻柔情，以及别后的孤独飘零之感真切动人。上阕描绘了词人心中的追忆，深夜无眠，双双在被窝中说着知心话，连蜡烛烧尽了都没有觉察。下阕则抒发外出不得归家的孤独之情，"生来柳絮飘零"。词人是高门大户的长子，但是他任职在皇帝身侧，总是被派往各种地方随行，羁旅的愁思让他产生了身世飘零的孤独感，因此倍加思念自己的红颜知己。

　　"待问归期还未"，唐代李商隐有诗"君问归期未有期"，想要问一问回家需要几天，哪天能到，却连什么时候能回家都不清楚，这种难以回家团圆的惆怅之情令词人脑海中浮现出红颜知己双目含泪的情景。而这其实是从对方着笔，落泪的正是词人自己。

满宫花（盼天涯）

满宫花

盼天涯，芳讯①绝，莫是故情全歇。朦胧寒月影微黄，情更薄于寒月。

麝烟②销，兰烬③灭，多少怨眉愁睫。芙蓉莲子待分明④，莫向暗中磨折。

【注 释】

①芳讯：音信的美称。

②麝烟：焚烧麝香而产生的熏香烟雾。唐代皮日休《醉中先起李縠戏赠走笔奉酬》中有"麝烟苒苒生银兔，蜡泪涟涟滴绣闱"。

③兰烬：指灯花燃尽。灯烛的余烬状如兰花，故称兰烬。

④芙蓉莲子待分明：化用《子夜歌》："雾露隐芙蓉，见莲不分明。"

【译 文】

盼望着远方的她，可是她却音信全无，难道是以往的情分都已不再？朦胧冰冷的明月透过云层散发出淡黄色的光芒，她对我的情简直比这微弱的月光还要淡薄。

香炉中的麝香已经熄灭，灯烛的灯花也全然烧尽了，数不尽的幽怨与思愁笼在眉眼之间。荷花和莲蓬分不清楚，还是不要暗地里自我折磨了。

【赏析】

这是一首相思之作，描绘主人公对恋人相思难熬之情。整首词都从心情出发，描写了因为相思至深而产生的不同心绪。

上阕开篇道出了相思难熬的原因——"盼""绝"，由"芳讯"可知思念的对象是名女子，词人思念阔别已久的她，但是却毫无音信。这就使词人产生了怀疑，词人此刻如此思念对方，若是对方也真情实意爱着词人，那么定然会按捺不住发来传递相思之情的信息。然而她却一去无踪。因此，词人开始反问"莫是故情全歇"，"故"指过去的，暗示词人与恋人其实不只是分离，而且已经分手。

下一句以"寒月"作比，分手后的词人依旧念念不忘，每日相思苦痛。而恋人却是如此无情，再没有半点联系。

下阕描绘一夜无眠的词人内心愁苦，思来想去，只能宽慰自己。荷花如今已经是莲蓬了，人心易变，故情难追，不要再自我折磨了。

唐多令·雨夜（丝雨织红茵）

唐多令
雨夜

丝雨织红茵[①]，苔阶压绣纹。是年年、肠断黄昏。到眼芳菲都惹恨，那更说，塞垣[②]春。

萧飒不堪闻，残妆拥夜分[③]。为梨花、深掩重门。梦向金微山[④]下去，才识路，又移军。

【注释】

①红茵：红色的褥子。此处指春雨过后，绿色树丛中的花朵被雨水打落在地，如同红色的地毯。

②塞垣：长城边塞。明代何景明《陇右行送徐少参》中有记载，在长安城往西一千里的地方，秦代的长城称作塞垣，汉代旧郡名叫天水。

③夜分：指夜半。

④金微山：即阿尔泰山脉。唐代曾经在此设立金微都督府，由此得名。唐代卢照邻《王昭君》中有"肝肠辞玉辇，形影向金微"。

【译文】

春雨绵绵，处处都是被雨水打落的红色花瓣，铺成厚厚的地毯，台阶上长满了厚重的苔藓。久久站立在阶前，鞋底的绣纹在青苔上压出了痕迹。又到了每年每天让人心痛难熬的黄昏了。眼前的春花、绿树勾起人们心中的春愁和遗憾，不用说，那边关的春天更让人愁苦。

窗外春雨淅淅沥沥地下个不停，让人不忍心去听这孤寂的雨声，不忍心看那洁白的梨花被雨打落而转身关紧了房门。迷迷糊糊睡去，梦见自己到了军队驻扎的边塞山中，才刚认出这路如何走，却又听见军队转移的信息。

【赏析】

这是一首思妇怀人之作，也可看作是词人由对方角度出发写自己的思乡怀人之作。

上阕描绘室外景色，春雨绵绵，落红满地，春光无限，却只有思妇一人在阶前站立。这场景与宋代晏几道《临江仙·梦后楼台高锁》中的"落花人独立,微雨燕双飞"有异曲同工之妙,而不同的只是思妇眼中所见的黄昏。古人日出而作,日落而息,黄昏往往是归家的信号,但远在外地的行人却无法回来。由此惹"恨",既是遗憾也是怨恨,因为这美好的春色只能独自欣赏。因而笔锋一转,写到远在边疆的行人更加难熬。

下阕描绘了夜间在室内的情形,思妇不梳洗安眠,而是孤独地坐在灯前。迷糊中打起瞌睡来,梦见自己来到了边疆的山中,找到了相会的路,正满心欢喜却发现他随着部队已经转移,又失去了他的消息。这梦幻中的大喜大悲增添了相思之苦,连梦中相会都做不到。

秋水·听雨(谁道破愁须仗酒)

秋水
听雨

谁道破愁须仗酒①,酒醒后,心翻②醉。正香销翠被,隔帘惊听,那又是、点点丝丝和泪。忆剪烛、幽窗小憩③。娇梦垂成,频唤觉、一眶秋水。

依旧乱蛩声里,短檠明灭,怎教人睡。想几年踪迹,过头风浪,只消受、一段横波花底。向拥髻、灯前提起④。甚日还来,同领略、夜雨空阶滋味。

【注释】

①**谁道破愁须仗酒**：出自宋代赵长卿《南乡子·月转水晶盘》："谁道破愁须仗酒，君看。酒到愁多破亦难。"

②**翻**：同"反"，反而的意思。

③**忆翦烛、幽窗小憩**：化用唐代李商隐《夜雨寄北》："何当共剪西窗烛，却话巴山夜雨时。"

④**向拥髻、灯前提起**：向，介词，表示对、与。拥髻，《赵飞燕外传》中有"通德占袖，顾视烛影。以手拥髻，凄然泣下，不胜其悲"，后用以表示心中伤悲。

【译文】

是谁说消解忧愁需要喝酒？每逢酒醒，一颗心反而破碎了。翡翠纹的锦被里，你的香味渐渐消散，隔着帷幕猛然听见丝丝雨声，自己的泪水也像这雨水般连绵不绝。回想起与你一起剪着灯花在小窗边休息，正做美梦的时候却惊醒，你的呼唤声让我醒来，眼前是你泪水涟涟的双目。

蟋蟀的鸣声不断，灯台上的蜡烛已经烧到了最后，让人怎么睡得着？回想起这几年来四处漂泊的行程，历经的大风大浪，最让我心生喜悦的就是你在花前月下时那温柔的眼神。想起你在我身旁，捧着发髻问我："什么时候才能再来相约？一起看看这寂静的天地，尝一尝寂寥的滋味？"

【赏析】

本词的副标题为"听雨"，词中提及"夜雨空阶"，可知词人是在一个冷雨夜独自坐在屋中，听着窗外的雨声，默默地喝着酒，思绪万千。上阕起句开门见山地道出主旨"心翻碎"。由《诗经》开始，古代的诗词中常常提及以酒解忧，三国曹操就有"何以解忧，唯有杜康"的名句。但是词人一开篇便否认了古人这个做法，他之所以这么说，必然是亲身实践过，举杯千遍依然愁苦难消。越想一醉解千愁，越是心中清醒，反而更加难以入眠。此时帘外的细雨簌簌地下着，让词人恍惚间回到过去的时光。

下阕长夜将尽，词人不由得感叹自己这些年四处漂泊的征程，风风浪浪的起伏，对自己的身世发出无限感慨。这些年的艰辛经历，唯一令词人心中感到温暖的，只有心爱之人的盈盈柔情，这样的对比反衬出词人心中的柔情挚爱。结句是一个虚幻的场景，词人不禁在心底扣问：不知何时才能再与她一同听雨，感受这寂寥与落寞？

如梦令（正是辘轳金井）

如梦令

正是辘轳金井，满砌落花红冷。蓦地一相逢①，心事眼波难定。谁省②？谁省？从此簟纹③灯影。

【注 释】

① **蓦地一相逢：** 化用清初彭孙遹的《醉春风·蓦地相逢乍》："蓦地相逢乍，三五团圆夜。"

②**省**：明白，领悟。
③**簟纹**：竹席的纹路。唐代白居易《寄李蕲州》："笛愁春尽梅花里，簟冷秋生薤叶中。"

【译 文】

　　清晨的汲水声在井边响起，台阶上落满了花朵。在如此一个清晨之中，我与她如同金风玉露般悄然相逢，眼波相接的瞬间心中思绪万千。有谁能明白这番滋味？从此心中起了牵挂，夜晚孤枕难眠，在灯下独自徘徊，心心念念的只有她。

【赏 析】

　　这首小词描绘了一见钟情的场景，读来让人想起《红楼梦》中贾宝玉与林黛玉初见时的情形。首句"辘轳金井"点出时间为清晨，相遇的地方是在庭院之中。前一夜大约下了一夜的春雨，将台阶附近盛放的花朵都打落了许多，台阶上铺满了红色的花瓣。在这样诗意的场景里，信步踏游的男女忽然相遇。"蓦地一相逢"，这种不经意间猛然的目光相接后，竟产生了似曾相识的幻觉来。

　　北宋秦观曾有"金风玉露一相逢，便胜却人间无数"，这"一相逢"，词人激起心中无限遐思幻梦。结句将这无限的遐思归于"簟纹灯影"。簟纹是竹席，其实代指的是躺在竹席上辗转难眠。而灯影指的是灯烛下的身影，可以想象词人实在辗转难眠，只好夜中起身独自徘徊，只因那"一相逢"，让他的心中从此多了一个人、一段情、一份执念。

如梦令(纤月黄昏庭院)

如梦令

　　纤月黄昏庭院,语密①翻教醉浅。知否那人心?旧恨新欢②相半。谁见?谁见?珊枕③泪痕红泫。

【注 释】

①语密：指情话绵绵。
②旧恨新欢：出自宋代欧阳修《渔家傲·喜鹊填河仙浪浅》："一别经年今始见,新欢往恨知何限。"
③珊枕：即珊瑚枕,因为珊瑚多为红色,因此也代指红色的枕头。唐代李绅《长门怨》中有"珊瑚枕上千行泪,不是思君是恨君"。

【译 文】

　　弯弯的月亮渐渐东升,照在黄昏的院落中,彼此依偎在一起,情话绵绵,反而让醉意一点点淡去。可是如今情人是否已经变了心?怨恨和真情交织在一起,已经难以分辨。谁能看见我的相思与心痛?泪水将红色的枕头浸透。

【赏析】

这首小词寥寥数语,以女子的口吻描绘了离别后的复杂心情。黄昏时分,细细弯弯的月亮照着院子,过去曾在此间花前月下、甜言蜜语,这是主人公对过去的甜蜜回忆。紧接着就是对这份情的怀疑,分别后,过去的真情实意和因为分别而产生的怨恨交织在一起,怀疑起心上人的真心来。结句是默默流泪的主人公彻夜难眠、泪湿枕头的场景,将主人公因为回忆起过去的欢爱,感到如今的凄凉,又是相思又是怨恨,及痛苦不堪的心境刻画得格外真切。

采桑子(彤霞久绝飞琼字)

采桑子

彤霞久绝飞琼字①,人在谁边。人在谁边,今夜玉清②眠不眠。香消被冷③残灯灭,静数秋天。静数秋天,又误心期④到下弦。

【注释】

①**彤霞久绝飞琼字**:彤霞,道家用语。道家认为神仙居所有彤霞遮掩保护。唐代曹唐《小游仙》中有"红草青林日半斜,闲乘小凤出彤霞"。飞琼,《太平广记》记载的仙女名字。字,指书信。

②**玉清**:道家三清中的一清,指仙境。道家认为天界化分三清天,即玉清、上清、太清。同时也是仙女的名字,此处代指心中思恋之人。

③**香消被冷**:化用宋代李清照《念奴娇·春情》:"被冷香消新梦觉,

不许愁人不起。"

④心期：心愿、期许，也引申为相思之心。宋代晏几道《采桑子·谁将一点凄凉意》："夜痕记尽窗间月，曾误心期。"

【译文】

天上仙境中的飞琼仙女已经许久不再寄来书信，此时的她陪伴在谁的身边？她在谁的身边？今晚她在仙阁中，是不是也像我一般失眠？

被窝中残留的香味渐渐消散，衾被一点点冷去，灯烛已经烧到了尽头，静静地数着日子等待秋天的到来。等待秋天的到来，心中的期许未能如意，却已是下弦月的时光了。

【赏析】

这是一首怀人词，是词人怀念心上人之作，具体的怀念对象并不明确，也许是亡妻卢氏，也有可能是某位情人，因此不妨将本词看作是一首爱情词。词人将心中所思之人比作是天上的仙女，即传说中的飞琼仙子。

开篇便写仙子被彤霞包裹，难以接近，而仙子也已经许久不通书信，全然不知仙子的近况。这样的音信全无令词人不由得猜想起来：此时的仙子陪伴在谁的身边？今晚的仙子是不是也睡不着？曾有资料记载，词人的初恋被送进宫中，两人从此陌路。此处可以看作是对这位初恋的怀念，她进宫后如同彤霞深处的仙子无法得见。她起初有书信寄来，后却音信全无。

下阕描述词人的近况，每夜难以入眠的词人耐心地等待着秋天。此处的秋天有着特殊的意义，秋天自古是寂寥的代称，但秋天也是果实成熟的季节，因此"数秋天"有可能是期盼某个结果的含义。另外，古人常言"一日不见，如隔三秋"，此处也是词人数着分别的日子思念恋人的意思。结句"到下弦"，这样的日子不知不觉又过了一个月，漫长而无尽。

采桑子（谁翻乐府凄凉曲）

采桑子

谁翻乐府①凄凉曲，风也萧萧。雨也萧萧，瘦尽灯花又一宵。
不知何事萦怀抱，醒也无聊。醉也无聊，梦也何曾到谢桥。

【注释】

①翻乐府：指的是按照曲调来填词作曲。乐府，汉代的音乐机构，代指词曲。

【译文】

是谁在按照凄凉的词曲音调来填词唱曲，只听见风声萧萧。雨也潇潇不止，灯花一点点坠落，又是一夜过去。

不知道胸中究竟因何事压抑，醒着无所寄托，醉着也无所寄托，连梦中都没有与情人相会过。

【赏析】

本词上阕写景，下阕述情。上阕描绘了词人深夜无眠，独自填词作曲。首句的"谁"，点明这是词人的自我描绘。窗外是风雨如晦的夜晚，百无聊赖的词人只能翻填旧曲来打发时间。

下阕描述了词人无眠的原因，而这个原因其实也没有具体的指向。词人似乎心事重重，却又不知究竟为何事，只觉得满腹心事，心中迷茫无所依，不管是酒醉还是清醒，都无法排遣这种百无聊赖的心绪。最后一句感慨，点出了词人心中最大的迷茫，连梦中都不曾与心上人相会过，这种莫大的悲哀让词人整日整夜都有着生无可恋的痛苦。

采桑子（白衣裳凭朱阑立）

采桑子

白衣裳凭朱阑立[①]**，凉月趖**[②]**西。点鬓霜微，岁晏**[③]**知君归不归？残更目断传书雁，尺素还稀。一味相思，准拟相看似旧时**[④]**。**

【注释】

①**白衣裳凭朱阑立**：化用明代王彦泓《寒词》："况复此宵兼雪月，白衣裳凭赤栏干。"

②**趖**：音同"梭"，一般指日月偏西。

③**晏**：指迟、晚。

④**准拟相看似旧时**：化用宋代晏几道《采桑子·秋来更觉销魂苦》："秋来更觉消魂苦，小字还稀。坐想行思，怎得相看似旧时。"

【译文】

一袭白衣倚靠着朱红色的栏杆独自站立着，满是凉意的月亮已经一点点西斜。鬓角已经发白，如白霜般斑斑点点，一年又将过去，不知你今年回来还是不回来?

　　天快要亮了,放眼望向远方,传递书信的大雁没有出现,书信一天比一天少。除了相思还是相思,哪里还能像过去一样约定相见呢?

【赏　析】

　　这是一首怀人词,思妇在深秋怀念远方行人。开篇"白衣""朱阑"形成醒目的颜色对比。身着白衣在古代是极少的,通常"白衣"代指平民、无官职的读书人,此处的"白衣"应当是白色的衣衫,或是睡衣一类的浅色衣服。主人公深夜无眠,走到栏杆边眺望远方。此时的月亮泛着冰冷的光芒,一点点偏西。"点鬓霜微",字面是指鬓角发白,但这种衰老的感觉来源于无尽的相思折磨,人未老而心已苍。主人公默默问着明月,行人是否归来?

　　下阕是对上阕的回答。更声渐渐稀疏,东方微微发白,新的一天又将来到,而远行人依旧音信全无,不知归期。"传书雁""尺素"都是古代对家书的称呼。末句发出感慨,除了等待还是等待,除了相思还是相思,始终难以相见,读来凄清含蓄,愁思满满。

采桑子(而今才道当时错)

采桑子

　　而今才道当时错①,心绪凄迷。红泪偷垂,满眼春风百事非。情知此后来无计,强说欢期。一别如斯,落尽梨花月又西。

【注释】

①而今才道当时错：化用刘克庄《忆秦娥》："古来成败难描模，而今却悔当时错。"

【译文】

现在才明白当初是我做错了，心中一片迷惘凄凉。眼泪不知不觉间落下，春风吹遍，眼前早已物是人非。

早知道后来的一切都是无法改变的，只能勉强地说出后会有期。就这样轻易地别过，而今梨花又被春风吹落，月亮也已西沉。

【赏析】

本词是一首发自肺腑、情感浓烈的爱情词，描绘的似乎是对一桩隐秘恋情的悔恨与痛楚。"而今才道当时错"，劈头便是一句领悟，紧接着是领悟之后的迷茫，"心绪凄迷"正是全词的主旨。

宋代晏几道曾有"分飞容易当时错"，说的是轻易分离，日后总会后悔，对应末句的"一别如斯"，可以猜测词人所指正是离别。正如前人所说"别时容易见时难"，一别之后竟杳无音信，难以再见，这样的惆怅之情令词人大感后悔，后悔自己不应该就这样轻易分别，如今相见无期，每夜无眠，与红烛一起落着泪。春风再次吹起，可是一切都已经变了模样。

其实词人心里知道两人难以相聚，只能勉强安慰自己说相见会有时。最后一句融情于景，梨花已经被打落，月亮偏西，一天又要过去。日复一日，自己却只有满心的相思悔恨，苦涩悲凉。

河渎神（凉月转雕阑）

河渎神

凉月转雕阑，萧萧木叶声乾[1]。银灯飘落琐窗闲，枕屏几叠秋山。朔风吹透青缣被[2]，药炉火暖初沸[3]。清漏沈沈无寐，为伊判得憔悴[4]。

【注释】

①**萧萧木叶声乾**：化用宋代柳永《倾杯·黄钟羽》："空阶下、木叶飘零，飒飒声乾。"乾，形容声音清脆响亮。

②**青缣被**：用青色的织绢制作的被面。

③**药炉火暖初沸**：化用明代王彦泓《述妇病怀》中"无奈药炉初欲沸。"

④**为伊判得憔悴**：化用宋代柳永《雨霖铃》中"为伊消得人憔悴。"判得，拼得。

【译文】

月亮发出冰凉的光，渐渐转过了雕刻华美的栏杆，树叶落下的声音清脆响亮。在窗前百无聊赖地看着灯花从银质的烛台上飘落，细细打量着床边屏风上的重重远山。

午夜的冷风钻进青色棉被中，药炉子里的火暖暖地燃烧着，炉架上的药刚刚沸腾。计时器的漏水声低低沉沉的，无眠的人为了所爱之人拼得憔悴不堪。

【赏析】

　　善于表达情感的人往往可以在景物意象的铺陈中流露出自己的心绪，本词正是如此。词人描绘了窗外"凉月""雕阑"交织着"木叶声"，动静结合，屋内"银灯""琐窗""枕屏"以及枕屏上的"秋山"，由远及近、由外而内地描绘出一派秋夜的景象。

　　下阕描绘词人在屋内的场景，依旧是融情于景，"朔风""青缣被""药炉""火暖初沸"。原来是因病卧床，终夜无眠，听着落叶声，看着灯烛，看着屏风。而这样"无寐"的深夜是为了什么？这样瘦弱的身体又是为了什么？是"为伊"。

　　萧瑟秋景与孤寂深夜相烘托，结句"为伊判得憔悴"，景语情语都表现出多愁多病的萧瑟，一个"判得"却表露出甘之如饴、无怨无悔的心境。

浣溪沙（旋拂轻容写洛神）

浣溪沙

　　旋拂轻容①写洛神②，须知浅笑是深颦。十分天与可怜春。

　　掩抑薄寒施软障，抱持纤影藉芳茵③。未能无意下香尘④。

【注释】

　　①**轻容**：指没有印花的薄纱，此处代指绘画用的素绢。

②**洛神**：即洛水女神。曹植曾有《洛神赋》赞美洛水女神的美貌，此处代指画中人。
③**"掩抑"二句**：形容画中人的姿态。
④**香尘**：指美人经过时留下的香气。下香尘，带着香尘而下。

【译文】

　　反复拂拭画绢，将美丽的女子画下，要知道她不管是微笑还是皱眉，看起来都让人觉得笑意盈盈。这份美丽全然是上天所赐，惹人怜爱。

　　为了怕画中的她受风寒，轻轻加上一个屏风，再把她安置在柔软的靠枕边。她或许就是无意间带着香气下凡的仙女吧。

【赏析】

　　这首词描绘的是为一位佳人画像的情形，作画的同时赞美着佳人的美貌，表达着心中的怜爱。

　　上阕"写洛神"，可知这要画的是一位绝色佳丽。下一句"须知浅笑是深颦"，十分生动形象，佳丽分明是在生气皱眉，可是看起来好像依旧是在微微地笑着。这样温柔的相貌令人格外怜爱，词人不由得认定她的美貌完全是上天所赐。

　　下阕描绘作画的情形，因怕画中人受寒而不舒服，词人在作画时想出了许多办法来，但明明只是描绘在画中，却依旧不忍心，可见词人的怜爱之心之深切。结句"未能无意"，将画中的女子与现实中的合二为一，直抒胸臆地感叹她如同仙女下凡般不真实。

减字木兰花（花丛冷眼）

减字木兰花

花丛冷眼，自惜寻春来较晚。知道今生，知道今生那见卿。天然绝代，不信相思浑不解①。若解相思，定与韩凭共一枝。

【注 释】

①浑不解：指全然不能解开。

【译 文】

在花丛中冷眼旁观，感叹自己来寻觅春天已经为时过晚。早知道自己有此生，却不知道自己此生竟然能遇见你。

你是天生的绝代佳人，不信这份相思全然无法化解。若你能化解我心中的相思，那么生生死死都愿与你相随。

【赏 析】

这是一首热烈的告白词，不同于词人那些伤情惆怅之作，虽然带有难成佳偶的预感，但依旧有求爱的勇气。

上阕"花丛"实际指的是女子，唐代元稹就曾有过"取次花丛懒回顾"的名句。"寻春来较晚"暗指相逢恨晚,错过了最好的年纪。只知道有今生,却不知道上天会安排我们相遇,这种意外而热烈的爱呼之欲出。

下阕则是词人的告白,你是绝代佳人,不管是你的心还是你的人,都是无可比拟的。只有你能化解我的相思之苦,若你愿意为我化解心中的相思之苦,那么即便是像韩凭夫妇那样被人拆散,各奔黄泉,我也愿意。这样的生死"一枝",可见词人与这位恋人的爱情阻力巨大,而词人也做好了准备,心中认定了她,只想与她生死相随。

少年游（算来好景只如斯）

少年游

算来好景只如斯,惟许有情知。寻常风月,等闲谈笑,称意即相宜。十年青鸟①音尘断,往事不胜思。一钩残照,半帘飞絮,总是恼人时。

【注 释】

①青鸟:传说中西王母身旁的神鸟,后世多用于代指传递爱情的信使。

【译 文】

算来算去,所谓的美好景色大概就是如此,只希望你能懂得我的心。一般的风花雪月,普普通通的谈天说地,只要可以满足自己的心意,那就是最合适的。

这十年来，恋情已经断了，过去的事已不能再多想。今晚残月照亮了帘中飘散的飞絮，每年的这个时候总是惹人烦恼。

【赏析】

这首词是词人多年后对某段恋情的回想，此时他已经看淡了曾经的愁苦，心中释怀，虽然依旧惦念，依旧难忘，但已不再痛苦万分。

这段恋情应该是以失败告终，词作的字里行间充满了对这段感情的回忆，也许当初曾为这段情的失败而痛苦不堪，但如今也可以坦然地回忆了。这十多年来，自己已经明白，当时的欢乐只是因为"有情知"。哪怕是最普通的景色，最普通的话语，只要符合自己的心意，就觉得无比适合，这应该就是最好的相处方式了。

下阕承接上阕，距离这段情已经十年，十年来彼此之间音信全无，自己虽然时常会想起，但已经不会陷入过去，难以自拔。为何今晚我又会再次说起这一桩情？大概就是因为残月未满，春风四起，柳絮翻飞，像极了当初那个时候吧。

第二章 西风多少恨，吹不散眉弯

虞美人(彩云易向秋空散)

虞美人

彩云易向秋空散①,燕子怜长叹。几番离合总无因,赢得一回僝僽②一回亲。

归鸿③旧约霜前至,可寄香笺字。不如前事不思量,且枕红蕤④欹侧看斜阳。

【注释】

①彩云易向秋空散:化用唐代白居易的《简简吟》:"大都好物不坚牢,彩云易散琉璃脆。"
②僝僽(chán zhòu):烦恼、忧愁。
③归鸿:本意是回归的大雁,因有"鸿雁传书"的典故,这里引申为回信的意思。
④红蕤:传说神仙所居的玉清宫中有三样宝物,碧玉环、紫玉函以及红蕤枕。此处指精美的枕头。

【译文】

五色的云彩最是难留,向着深秋高远的天际散去,离别的人儿归来得太迟,叹息的声音连梁上的燕子都觉得悲凄。离离合合没有原因，让人时而忧愁时而欢喜。

曾经写信相约深秋归来，可先寄书信前来。还是不要再去想这些往事了，姑且枕着绣枕，侧卧着看一看夕阳吧。

【赏析】

乍读本词，往往会觉得这是一首爱情词，讲述的是女子惦念着别后的恋人。如此理解似乎没有什么问题，因为这首词本就是借恋人口吻来表达心中所思，实际上这首词所寄的对象是词人的好友顾贞观。

以恋人口吻作词寄友人其实并不少见，顾贞观曾与词人寄言相约秋季重逢，考证本词作于康熙二十三年春，暗合了词中所言。为何要以女子思念恋人的角度进行创作？女子的心思比男子的更为细腻温柔，而柔婉的女子形象也更易使人读而生怜，是绝佳的表达手法，而词人细腻的内心在也本词中表露无遗。

南乡子·捣衣（鸳瓦已新霜）

南乡子
捣衣①

鸳瓦已新霜，欲寄寒衣转自伤。见说②征夫容易瘦，端相③。梦里回时仔细量。

支枕④怯空房，且拭清砧⑤就月光。已是深秋兼独夜，凄凉。月到西南更断肠。

【注释】

①**捣衣**：古人衣物多以丝麻制成，在缝制之前需要漂浆、半干、折叠，然后用木槌或者石棍反复敲打，然后再进行裁剪缝纫。秋季天气转凉，需要制作冬衣，八月的夜晚家家户户都在捣衣制衣。也有两人一同捣衣，由两人拿着杵上下捣衣。古人在溪边河畔洗衣之时也会用捣衣的方式清洗，但是不会使用专门的清砧，且洗衣无季节时令限制，因此此处所指并非洗衣，而是制衣前的步骤。唐代李白《子夜吴歌·秋歌》中有"长安一片月，万户捣衣声"。

②**见说**：指听说。

③**端相**：指端详，仔细看。

④**支枕**：指将枕头竖起来靠着。

⑤**清砧**：捣衣使用的捣衣板，一般是光滑的石板。

【译文】

　　瓦片上结出了今年的第一场霜，想要为征人寄出今年的冬衣却又神伤起来。听人说在外的征夫往往消瘦许多，想要仔细看一看，只能在梦里好好地量一量他的身形。

　　将枕头竖起来倚靠着，独守空房让人觉得有些胆怯而睡不着，还是趁着月光明亮，在捣衣石边捣衣吧。已经是深秋时节，还独自一人过夜，此情此景真是分外凄凉。不知不觉月亮已经西斜，恐怕在外的征人也和我一样愁断肠。

【赏析】

　　捣衣是诗词中常见的题材，往往描绘思妇捣衣远寄。本词也是如此，开篇点明时节已是霜降，夏去秋来，又到了缝制冬衣的时候，主人公也想要为远方的征人寄出冬衣，但是却神伤起来。一个"转"字承接下文，她在神伤什么呢？听说在外劳苦，征人易瘦，那就不清楚衣服的尺寸，也难以制衣了。想要细细看看，却又没有办法，只能寄希望于梦中，梦里梦见征人归家，主人公仔仔细细地量了他的身形。

下阕已是梦醒，回到实景之中，主人公独守空房，有些怕黑怕冷，难以入眠。思前想后，反正睡不着，窗外月光明亮，倒不如起来捣衣吧。于是一个人在深秋的寒夜独自捣衣，让人备感凄凉。转眼月亮西斜，一夜无眠，相思断肠，层层递进，凄绝伤感。

踏莎美人·清明（拾翠归迟）

踏莎美人
清明

拾翠①归迟，踏青期近，香笺小叠邻姬讯②。樱桃花谢已清明，何事绿鬟斜軃③、宝钗横。

浅黛双弯，柔肠几寸，不堪更惹其他恨。晓窗窥梦有流莺，也觉个侬④憔悴、可怜生⑤。

【注释】

①拾翠：原指拾取翠鸟的羽毛来做首饰。三国魏曹植的《洛神赋》中有"或采明珠，或拾翠羽"，后多指妇女春游踏青。元代赵善庆《落梅春·暮春》有"寻芳宴，拾翠游，杏花寒禁烟时候"。

②邻姬讯：指邻家少女的信。讯，同信。

③绿鬓斜軃（duǒ）：绿鬓，乌黑而有光泽的头发。唐崔颢《虞姬篇》中有"虞姬少小魏王家，绿鬓红唇桃李花"。軃，下垂。北宋周邦彦《浣溪沙慢》中有"灯尽酒醒时，晓窗明，钗横鬓軃"。

④个侬：古代的口语，指那个人。

⑤生：语气助词，用于词尾，无实际意义。

【译 文】

春游归来得晚，踏青的约期临近，邻家少女写来泛着清香的信。樱花已经凋谢，清明已经来临，什么事让你侧头烦恼呢？

两弯淡淡的娥眉，几分惆怅的柔情，哪里还招惹得起其他的遗憾。清晨的窗前，娇滴滴的流莺窥探着她的梦境，只觉得那个人真是心事重重，惹人怜爱啊。

【赏 析】

明媚的早春时光，少女们都满心期待着春游踏青，连隔壁的女孩子也写来了邀约的书信。可是词中的女主角却一点也提不起劲，似乎热闹是别人的，自己却是寂静的。抬头看看樱花谢了，清明已悄然来临，此处指的是时光匆匆，而女主角歪着头，乌发斜垂，似乎是愁容满面。看到花谢，似乎想到自己的青春也在不知不觉间匆匆流逝，而自己却又蹉跎着。

这慵懒无力的春愁是因何而起呢？满腹心事弯着眉，心里难受得很，简直不想再管其他，不想给自己带来什么遗憾。这描绘的便是少女怀春的心态，也许是思慕着心中的某位风流少年，也许是感叹青春易老，刹那芳华。这般春愁被牢牢藏在心中无人知晓，只有窗外的流莺明白,这年纪正好的妙人儿是如此惹人怜爱。

秋千索(锦帷初卷蝉云绕)

秋千索

锦帷初卷蝉云①绕,却待要、起来还早。不成薄睡②倚香篝③,一缕缕、残烟袅。

绿阴满地红阑悄,更添与、催归啼鸟。可怜春去又经时④,只莫被、人知了。

【注 释】

①蝉云:形容鬓发如同蝉翼一般。
②薄睡:浅睡。
③香篝:即熏笼。
④经时:形容许久。

【译 文】

华丽的帷幕刚刚卷起,乌黑的鬓发松散在一旁,想要起床却发现时间尚早。连浅睡都睡不好,默默倚靠在熏笼边,熏笼里残存的香生出丝丝袅袅的残烟。

院子里绿叶繁茂,遍地都是落红,夹杂着几声归鸟的啼鸣。可惜这春意已经去了许久,只是不要被人察觉了啊。

【赏析】

　　这是一首描述闺中伤春的词,展现了一个闺中女子的愁怨。上阕写内景,迷蒙的主人公卷起了帷幕,发髻有些松散,分辨不出时辰,定睛一看才发现自己起得实在太早。疏慵地靠在熏笼边上,痴痴望着残香缭绕。一系列的静景营造出一个慵懒的清晨,透露出莫名的压抑。

　　下阕写外景,两相对照。外面是春光已逝、绿肥红瘦的初夏景色,悄无声息,偶尔的鸟鸣声,以动衬静,更显得女子百无聊赖。由"催归"一词可猜测这是杜鹃鸟,杜鹃鸟的声音如同在说"不如归去",声音凄切。最后两句依旧意境朦胧,感叹春天已去,无人察觉,留下一个谜团,女子是为何而愁?难道只是因为春去了?而无人知晓的是心中的隐情还是其他的什么?

采桑子(桃花羞作无情死)

采桑子

　　桃花羞作无情死,感激东风。吹落娇红,飞入闲窗伴懊侬①。
　　谁怜辛苦东阳瘦②,也为春慵③。不及芙蓉,一片幽情冷处浓④。

【注 释】

①懊侬:原指心中烦闷,此处代指心烦意乱之人。
②东阳瘦:指梁代沈约日渐消瘦的典故。据说沈约曾写信给友人,说自

己的衣带每隔百日便需要收紧一些,形容消瘦得快。因为沈约曾出任东阳守,因此将这种情形称为东阳瘦。
③ **春慵**:指春天乏力。
④ **一片幽情冷处浓**:化用明代王彦泓《疑雨集·寒词》:"个人真与梅花似,一日幽香冷处浓。"

【译 文】

桃花并不是无情的落花,感谢这无尽的春风,将片片红色的花瓣吹到心绪烦闷的人身边做伴。

谁能怜惜我这日渐消瘦憔悴的身形,因为春天将尽而备感无力。虽然比不上娇艳的荷花,可是它的一片幽香在寒冷之中显得愈加浓烈。

【赏 析】

这首词描绘了落红遍地的春景,表面上是伤春之作,实际上是词人自怜之作。词人在康熙十一年秋中了举人,康熙十二年殿试却因病未能参加,这首词正是因此而作,在《通志堂集》中有副题"幸举礼闱以病未与廷对诗"。

此时的词人身体尚未康复,看到被春风吹落的桃花,激起了他心中的自怜之情。桃花在这春未尽的时刻却被吹落了,实在让人心疼,就像是踌躇满志的自己,走到了科举的最后一步却因病倒下,错失良机,实在可怜。怕是上天垂怜自己,所以才将这飘零的花瓣吹到自己的身边来吧。

自己的消瘦憔悴谁会怜惜?比不上芙蓉,但是别有幽香,此处的芙蓉一是指荷花,二是指芙蓉镜。据说年轻人李固落榜后遇到一老妪,老妪告知他会在芙蓉镜下高中,后果然如此。这遭遇和词人一样,落榜一次,仍有机会,让自己流露出一种别样的情绪来。

浣溪沙（记绾长条欲别难）

浣溪沙

记绾长条①欲别难，盈盈②自此隔银湾③。便无风雪也摧残。
青雀④几时裁锦字，玉虫⑤连夜翦春幡⑥。不禁辛苦况相关。

【注 释】

①**长条：**细长的枝条，特指柳树枝。
②**盈盈：**形容清澈晶莹的样子。汉代无名氏《迢迢牵牛星》中有"盈盈一水间，脉脉不得语"。
③**银湾：**指银河。
④**青雀：**神话传说中西王母座下的青鸟，为西王母信使。
⑤**玉虫：**指灯花。
⑥**春幡：**古代习俗，在立春当天将旗或幡挂在树上或戴在头上迎春。

【译 文】

　　还记得折下柳枝相赠时难舍难离的场景，一片柔情从此被银河相隔，就算是没有风雪的摧残也让人无端地憔悴。
　　青鸟什么时候才会带来书信？如今已快立春，在灯火下连夜裁制着春旗，似乎再也承受不了离别之苦，忧伤满怀。

【赏　析】

本词清新典雅，描绘思妇的离愁别怨，但却点到即止，愁怨显得格外清切。

上阕写的是离恨，春天的时候折柳送别，难分难舍，别后音信杳杳，天各一方。这离恨比风雪更摧残人心，让满怀离恨的思妇日渐憔悴。下阕描绘思妇心中的期盼，用的是青鸟送信、锦书怀人的典故，盼望着能收到行人的书信。时间又到了春天，转眼一年已过，又到立春，思妇只能独自一人在灯下裁制春旗，心中的期盼都已落空。夜深人静，思妇不由得悲从中来，情难自禁。

浣溪沙（肠断斑骓去未还）

浣溪沙

肠断斑骓①去未还，绣屏深锁凤箫②寒。一春幽梦有无间。
逗雨疏花浓淡改，关心芳草浅深难。不成风月转摧残。

【注　释】

①**斑骓**：杂色的马，此处代指骑马的人。唐代李商隐《对雪》中有"关河冻合东西路，肠断斑骓送陆郎"。
②**凤箫**：竹质的排箫，因为排箫外形很像凤凰翅膀，因此称为凤箫。此处化用南宋辛弃疾《江神子·和人韵》："绣阁香浓，深锁凤箫声。"

【译文】

　　让人魂牵梦萦的人骑上斑骓走了之后就再也没有回来过,绣着华美图案的屏风深深锁住了排箫凄凉的乐声。

　　迷蒙的雨滴落在稀疏的花朵上,花瓣颜色的浓淡深浅变化着,惹人情思的春草在细雨下疯长,难知草深草浅。未成花好月圆,却还被时间摧残。

【赏析】

　　马儿走了,再没有来,让人肝肠寸断。走的是马儿,更是骑马的人,自他走了之后,词人房门紧闭,不再有心思吹奏乐器,手持凤箫都觉得心里一片寒意。百无聊赖地做了一个幽深的梦,醒来分不清是真是幻。

　　下阕转而写景,迷离的细雨让花色变得浓淡不同,细雨能将花色改变,反映出细雨连下数日,几乎将花色都冲淡了。连绵不绝的春雨让春草肆意生长起来,完全猜测不出哪里草深、哪里草浅,令被大雨困住的主人公满是无奈与神伤。欧阳修曾写过"人生自是有情痴,此恨无关风与月",结句落在风月摧残上,说的便是因痴情而惆怅不已的痛苦。

浣溪沙(锦样年华水样流)

浣溪沙

　　锦样年华水样流,鲛珠①迸落更难收。病馀常是怯梳头。

　　一径绿云修竹怨,半窗红日落花愁。愔愔②只是下帘钩。

【注释】

①鲛珠:神话传说中南海有鲛人,鲛人之泪可以化作明珠,因此后世将眼泪美称为鲛珠。

②悄悄:形容因病消瘦忧郁的样子。

【译文】

　　锦缎一般美好的青春年华,仿佛水流一般一去不返,泪水不断地落下,难以停收。久病在床,最害怕的便是梳头,一梳都是脱落的头发。

　　细长的绿竹枝叶遮天,如同绿云,鲜艳的落日映照着落花,四处都带着愁怨。多愁多病,形容消瘦,不忍再看,只能悄悄放下帷幕。

【赏析】

　　这是一首伤春自怜之作,词句婉丽,是模仿女子的口吻。词中女子多愁多病,因病而生愁,开篇便直抒胸臆,与"如花美眷,似水流年"有着异曲同工之妙。一想到这里,眼泪便一发不可收,晶莹的泪珠滴落不止。在这美好的年华中,女主人公想要好好打扮一下自己,奈何自己病后最害怕的就是梳头。梳头为何要害怕?因为久病之后,头发最容易脱落,一梳便是大把的秀发掉落,让人触目惊心、心生恐惧。

　　下阕写景,外面的竹林如同接天的绿色云彩,红艳艳的落日照射在落花之上,这原本都是极美的景色,但在女主人公的眼中却并非如此。竹叶接天,似乎看不见阳光,夕阳西下,便是美人迟暮,落红满地,犹似刹那芳华,人物的内心与所见的景物相交融,描绘的不再是单纯的景物,而是内心所思。眼见如此引人伤感的景色,女主人公放下帷幕不再去看,怀揣着忧郁与悲伤走进了闺房深处,留下一个落幕般的结尾。

浣溪沙(肯把离情容易看)

浣溪沙

肯把离情容易看,要从容易见艰难。难抛往事一般般①。

今夜灯前形共影,枕函虚置翠衾单。更无人与共春寒。

【注 释】

①一般般:指一桩桩、一件件。

【译 文】

想要将离愁别恨简单来看待,才发现这简单之中透露出的全是艰难。过去的事一桩桩一件件都是如此难以忘却。

今晚在灯烛下人和影子互相陪伴,枕头扔在一边,衾被寒冷,孤枕难眠,再没有人和我一起相伴,挨过这悠长的春寒。

【赏 析】

此篇叙的是"离情",古诗词中多半是先写景后抒情或发议论,但此篇却截然相反,上篇发议论,下篇情景交融。开篇便是词人苦思冥想、切身实践后的结论——"离情艰难"。一是忍受之难,离别苦,团聚难,心中备受煎熬；二是看淡离情难，词人想将离情看淡，奈何如此艰难。最难的便是将诸多的往事全都忘怀，那些美好的回忆，那些痛苦的回忆，一桩桩地浮现在脑海之中，让人如何能够抛却？若是将这以往的一切全都忘却，那么如今的自己又剩下什么？

词人没有回答，也许连他自己也不知道，是该努力地去忘却还是该牢牢铭记。今夜只能与自己的影子相伴，空房孤枕，寒冷的时节里无人相拥取暖，这样冷寂的现实，让人忍不住回想起过去的温存，因而忘却变得更加艰难。

减字木兰花（相逢不语）

减字木兰花

相逢不语，一朵芙蓉著秋雨。小晕红潮①，斜溜鬟心只凤翘。待将低唤，直为凝情②恐人见。欲诉幽怀，转过回阑叩玉钗。

【注 释】

①**小晕红潮**：指脸色微微泛出红晕。
②**凝情**：深藏的浓烈情感。

【译 文】

相遇时不置一词，你如荷花在秋雨中微低着头。脸颊泛起红晕，凤钗斜斜地插在发髻上。

想要低声呼唤他的名字，却又害怕这份深藏的感情被他人知晓。想要诉说衷肠，却见他已经转过了栏杆，只能轻轻扣着玉钗。

【赏析】

这是一首叙事的小令，词中寥寥数笔便描绘出一个多情迷人的少女形象。从相遇到擦肩而过，再到回头张望，一系列的神态、动作的描绘，将人物刻画得惟妙惟肖。

相逢，彼此没有说话，而是使用一个比喻，如同秋天的荷花受着秋雨的洗礼，秋天的荷花比起夏天的更加粉红，在雨中往往低垂着"头"。擦肩时，脸上泛起娇羞的红晕，侧过头，头上的凤钗都歪着。眼看要错过了，情不自禁想要开口喊出他的名字，又怕被人发觉自己爱慕的心思，因而生生咽了回去。满腹痴情想要倾诉，慢慢回过神来，却见他已经走远，只能拔下自己的玉钗，若有若无地敲着。

木兰花令·拟古决绝词（人生若只如初见）

木兰花令
拟古决绝[①]词

人生若只如初见，何事秋风悲画扇[②]。等闲变却故人心，却道故心人易变。

骊山语罢清宵半，泪雨零铃终不怨。何如薄幸锦衣郎，比翼连枝当日愿。

【注释】

①**决绝**：指断绝关系，不再往来。古有《白头吟》："闻君有两意，特来相决绝。"

②**秋风悲画扇**：指汉代班婕妤《怨歌行》的典故，《怨歌行》将男女之间的感情比作是团扇，盛夏时节随身相伴，可是秋风起的时候又将团扇抛弃在一旁。

【译文】

此生要是始终如初见时候一般毫无嫌隙，倾心相爱该有多好，那么就不必体味因离心而被抛弃的悲伤。熟悉的人儿真是如此容易变心，只怕是他的心原本就是善变的吧！

唐明皇与杨贵妃在骊山行宫相依偎着诉说衷肠，即便是生死相隔、泪眼迷蒙都丝毫不怨恨对方。你连那负心薄幸的唐明皇都比不上啊，还许下什么要比翼双飞、共结连理的誓言！

【赏析】

这首词的副题为"拟古"，而决绝词是古词中的一种。词人模仿女子的口吻，写下决绝词，饱含着对以往恋情的不舍，对负心薄幸的怨恨。起句便是一个"若"字，初见总是最美的，一见钟情，单纯而美好。只可惜人生不可能只是一瞬，日久天长，渐渐离心，女子也被抛弃。这种抛弃就好比是对待一把团扇，需要时左右不离，不需要的时候便不闻不问。

以往的决绝词，往往是男子因某种原因变了心，而本词中却不然，一句"却道故心人易变"表明，哪里是因为什么原因才变了心，分明就是他善变无情！这样彻底的控诉将决绝之意表露得坚定无比，已然是看穿了情郎的本质。

下阕将情郎与唐明皇做对比。人们常认为唐明皇是负心薄幸的人，为了保住自己的性命将心爱的人杀掉。但同时，他也是多情的，听见雨声、铃声都忍不住眼泪纷纷，在梦中都念念不忘"比翼连枝"的誓言，更是上天入地地寻找爱人的芳魂。反观自己的情郎，他的心中哪里还记得当初的誓言！

词中的女子看得透彻，她丝毫不被过去的欢爱蒙住双眼，一点也不否认当初的相爱，更是大方地承认自己的瞀目，将对方的无情揭露出来，比起同情怜悯，更多地让人感受到一颗敢爱敢恨的心。

玉连环影（何处）

玉连环影

何处，几叶萧萧雨？湿尽檐花①，花底人无语。掩屏山，玉炉②寒。谁见两眉愁聚倚阑干。

【注 释】

①檐花：屋檐之下的花朵。
②玉炉：指玉质的熏笼或者装饰有美玉的熏笼。

【译 文】

哪里在落着萧萧不止的雨？屋檐下的花朵都被淋湿，花旁的人无言地坐着。掩上屏风，熏笼有些冷了，有谁看见她蹙着眉倚靠在栏杆边远眺。

【赏析】

这首小令十分简短,却层次分明,由外景到内景,由高到低,由内而外,更显得格局雅致,情味深浓。

抬头是屋檐上簌簌下落的雨,屋檐下是被雨打湿的花朵,花朵旁是沉默不语的人。紧接着,静态的景物变成动态,随着"花底人"的脚步移步换景,屏风、玉炉、栏杆,再一次到栏杆边,而"花底人"的模样也进一步出现在眼前——"两眉愁聚"。整首词像是一部默剧,只是镜头在不断地切换,打造出一镜到底的美感,而最终的女主角也不曾露面,只见她眉间含愁。

采桑子(明月多情应笑我)

采桑子

明月多情应笑我①,笑我如今。辜负春心,独自闲行独自吟。

近来怕说当时事,结遍兰襟②。月浅灯深,梦里云归何处寻。

【注 释】

①明月多情应笑我:化用北宋苏轼《念奴娇·赤壁怀古》:"故国神游,多情应笑我,早生华发。"

②兰襟:指带有香气的衣带。这里指代知己、朋友。

【译 文】

天上的明月一定会嘲笑我自负多情,笑我如今的模样。我辜负了这番春天的美景,辜负了她对我的情意,一个人边走边吟。

最近特别害怕提起当时的事,那时我和她知己情深。而现在月光迷蒙,灯火已深,她就像是在梦中归来的云彩,该让我去哪里找寻?

【赏析】

词人有一枚印章,刻有"自伤多情"四个字,一直以来他都是自负多情的一个人,但如今恐怕连明月都会嘲笑他的"多情",因为"多情"的他又是那么无情。独自走走停停,行吟不绝,心中忧愁不断。词人的一生确实是多情且深情,不管是对亡妻、对恋人,还是最后对待沈宛。此处他的言语间充满了无奈与悔恨,所指的对象有可能是沈宛。

他迫于压力不得不与沈宛分离,将沈宛送走,面对此事,词人只觉得自己太过无情,太过懦弱。这种复杂的感情让词人难以面对当时的一切,只有在午夜无人之时才会在梦中寻找她,却已经无处可寻。后悔、无奈、叹息,让简单常见的意象充满了词人真挚的感情。

瑞鹤仙·丙辰生日自寿,起用《弹指词》句,并呈见阳(马齿加长矣)

瑞鹤仙
丙辰生日自寿,起用《弹指词》句,并呈见阳[1]

马齿加长矣[2],枉碌碌乾坤,问汝何事。浮名总如水。拚尊前杯酒,一生长醉。残阳影里,问归鸿、归来也未。且随缘、去住[3]无心,冷眼华亭鹤唳[4]。

无寐。宿醒犹在⑤，小玉⑥来言，日高花睡。明月阑干，曾说与、应须记。是蛾眉便自、供人嫉妒⑦，风雨飘残花蕊。叹光阴、老我无能，长歌而已。

【注释】

①**副标题**：丙辰生日，此年词人22岁。弹指词，词人好友顾贞观词集名，顾贞观的《金缕曲·丙午生日自寿词》中有"马齿加长矣"。见阳，指词人的好友张纯修。

②**马齿加长矣**：出自《春秋榖梁传》，指观察马齿的长短及磨损情况来判断马的年龄，马齿长则年纪较大。

③**去住**：指去留的意思。

④**华亭鹤唳**：出自《世说新语·尤悔》："欲闻华亭鹤唳，可复得乎。"华亭，在今上海市松江区。

⑤**宿醒犹在**：指宿醉未醒的意思。

⑥**小玉**：传说中的仙女名，在此代指婢女。

⑦**是蛾眉便自、供人嫉妒**：指才华出众便会受人嫉妒。出自屈原《离骚》："众女嫉余之蛾眉兮，谣诼谓余以善淫。"

【译文】

又长了一岁，自问在这苍茫天地间终日碌碌究竟有何作为？虚名就像流水一般，让人心甘情愿地沉浸在眼前的杯盏之中，只愿一生长醉不醒。夕阳的余晖将身影拉长，问一问远行的离人，归来了还是没有归来。就让一切随自己的因缘过吧，顺应自然，任他功名富贵或去或留，看淡是是非非。

无心睡眠，宿醉尚未清醒，婢女告诉我，现在太阳已高高升起，花朵都渐渐睡去。恍惚想起明月下的栏杆，曾经与你说过的话，如今应该还记得。有才华的人总是会受人嫉妒，就好比娇美的花朵总要被风雨摧残一般。感叹光阴似箭，我碌碌无为，只能仰天长歌，抒发心中抱负。

【赏 析】

这是词人在自己 22 岁生日那天写下的词，词中是对自己碌碌无为的嘲讽与感慨，也抒发了自己不愿追逐功名利禄的心情，并宽慰自己的知己好友无须满腹愁怨。

词人 22 岁，明明是风华正茂，却感叹自己碌碌无为，对官场的一切已经失去了兴趣，只想长醉不醒，及时行乐。这与词人自身的处境相关，他虽有报效国家、建功立业之心，奈何他只是跟随在皇帝的身边。这样的境况让他觉得蹉跎无奈，而此时他的知己好友无不遭受着人生的风浪。宿醉的词人回忆起曾经的月下相谈，不由得宽慰自己的知己，木秀于林，风必摧之，人生大抵如此，无须为此忧愁。

词中不仅是对词人自己的宽慰，同时也是对知己、对自己前途的感慨，此时的词人已经不在意功名富贵，而渴望闲云野鹤般的生活。而他的一颗真心，与知己的情意，对他们的关怀可见一斑。

菩萨蛮·过张见阳山居,赋赠(车尘马迹纷如织)

菩萨蛮
过张见阳山居^①,赋赠

车尘马迹纷如织^②,羡君筑处真幽僻。柿叶一林红,萧萧四面风。功名应看镜^③,明月秋河影。安得此山间,与君高卧闲。

【注 释】

①张见阳山居:据考证约在京郊西山。

②车尘马迹:指车马行过的痕迹,出自朱熹《卧龙庵记》:"非车尘马迹之所能到。"

③功名应看镜:指功名如同水中花、镜中月。

【译 文】

　　车马卷起的尘埃纷纷扬扬,人来人往交织不断,真是羡慕你有这么僻静的一个好居所。柿树的叶子红彤彤,整片林子都是一片红色,四面吹来微风,树叶响动的声音不绝于耳。

　　那些功名利禄就好比是镜中月、河中影,无须看重。哪里比得上和你一起在这僻静的山中高枕无忧地闲适而居!

【赏析】

　　某次机缘巧合之下，词人遇到了张见阳，见阳邀请他前往自己隐居的地方小坐。见阳山居僻静幽深，人迹罕至，令词人心生羡慕，流露出渴望归隐山林的志向。词的开篇描绘词人自己所在的地方总是车马喧嚣，此句既是词人身居闹市的真是写照，同时也是词人自幼身在官宦之家的写照，从小他便见惯了寒暄应酬，见惯了世人熙熙，为利而来，世人攘攘，皆为利往的众生相。当词人第一次来到这僻静的山居，真是如同进了世外桃源。没有尘世的吵闹，僻静佳处，漫山是红色的柿树，四面吹来清爽的风。

　　眼前的所见令词人心中感慨万千，一切的功名利禄似乎都化作了浮云，如同镜中之月、水中之影一般，只让人徒增烦恼，只有眼前这简单闲适才是生活的真谛。结句，词人由衷地感叹，要是能和知己一起在这远离是非的地方悠哉地生活，才是人生最大的幸事！词人淡薄名利的情怀真真切切地流露其中。

菩萨蛮·为陈其年题照（乌丝曲倩红儿谱）

菩萨蛮
为陈其年题照[①]

　　乌丝[②]曲倩红儿[③]谱，萧然半壁惊秋雨[④]。曲罢髻鬟偏。风姿真可怜。须髯浑似戟，时作簪花剧[⑤]。背立讶卿卿[⑥]，知卿无那情。

【注释】

①**副标题**：陈其年，即陈维崧，字其年，号迦陵，明末清初词坛第一人。这首词题在粤僧大汕所绘的《迦陵填词图》上。画中的陈其年倚着书坐在席间，一手捻着胡须，一手执笔，旁边有一位女子坐在芭蕉叶子上吹着洞箫，膝盖上还横着一把琵琶。

②**乌丝**：陈其年的词集起初名为《乌丝集》。

③**红儿**：化用晚唐诗人罗虬《比红儿诗》中的故事。杜红儿，美歌者，此泛称歌妓。清代尤侗《浣溪沙·题陈其年小影》中有"乌丝阑写懊侬歌，红儿解唱定风波"。

④**惊秋雨**：形容乐声高亢。出自唐代李贺《李凭箜篌引》："女娲炼石补天处，石破天惊逗秋雨。"

⑤**簪花剧**：古代在宴会或佳节盛典上，男、女皆戴花，多簪于发髻之上。

⑥**卿卿**：昵称、爱称，一般称呼女方。

【译文】

　　《乌丝集》中的词曲由歌女谱唱，清冷的半壁忽然乐声高亢，如同萧萧秋雨透彻心扉。吹箫的女子一曲吹完，发髻低垂，妩媚的姿态惹人怜爱。

　　你的须髯如同钩戟一般，时而戴着花朵嬉戏。背对着你是不想你将我惊为天人，更怕你无法控制自己的情意。

【赏析】

　　这首词满是风趣的赞美，作于词人与陈其年刚刚结交之后。上阕中陈其年的词经由歌女谱唱高亢惊人，画中的歌女也同样妩媚动人。下阕是对陈其年的描绘评价,"须髯浑似戟"指的是陈其年豪迈且充满江湖气息,陈其年本人确实是一个须髯丰满之人,为人豪气干云。"时作簪花剧"指的是陈其年创作的作品具有既刚且柔、刚柔并济的个人特色。

虞美人·为梁汾赋(凭君料理花间课)

虞美人

为梁汾①赋

凭君料理花间课②,莫负当初我。眼看鸡犬上天梯③,黄九自招秦七共泥犁④。

瘦狂那似痴肥好,判任痴肥笑⑤。笑他多病与长贫⑥,不及诸公衮衮向风尘⑦。

【注 释】

①**梁汾**:清初文人顾贞观(1637-1714),字华峰,号梁汾。江苏无锡人。康熙十一年(1672)壬子举人。著有《积书岩集》《弹指词》。康熙十五年(1676)丙辰与纳兰相识,从此结成忘年交。
②**凭君料理花间课**:此处指由梁汾操办编辑出版词集。料理,安排打点,此处代指辑合成册的意思。课,指词作。
③**鸡犬上天梯**:出自王充《论衡·道虚》中一人得道,鸡犬升天的典故,后以此讽喻趋炎附势,以邀身贵者。
④**黄九自招秦七共泥犁**:此句意为词人与梁汾相同,都不求显赫名声,

只是热爱填词,即便是坠入泥犁地狱也不后悔。黄九,指北宋词人黄庭坚。秦七,指北宋词人秦观。泥犁,佛家用语,指地狱的意思。

⑤ **"瘦狂"二句**:出自《南史·沈庆之传》附《沈昭略》,沈昭略曾经喝醉,遇到了王约,问:"你是王约吗?你怎么又肥又痴。"王约回答说:"你是沈昭略吗?怎么又瘦又狂。"沈昭略拍手大笑说:"瘦已经胜过了肥,狂又胜过了痴!"此处反其意而用之,指的是两种相对的人,即失意之人与得意之人,任他们嘲笑又何妨。

⑥ **笑他多病与长贫**:多病,词人的自称。长贫,指梁汾。

⑦ **诸公衮衮向风尘**:出自唐代杜甫《醉时歌》:"诸公衮衮登台省,广文先生官独冷。"

【译 文】

由你来打点安排我的词集,不要辜负我当初与你相交的情谊。眼睁睁看着其他人如鸡犬一般随人升天,我与你却投身词作,不求闻名,即便是被人嘲讽、落入地狱也不后悔。

失意的人自然没有那些得意之人的雄心壮志,即便是被他们嘲笑又有何妨。嘲笑你和我多愁多病,贫穷潦倒,是啊,我们哪里比得上他们仕途通达、身份显赫呢?

【赏 析】

本词是为好友顾贞观所作,顾贞观乃是词人的知己之交,不仅彼此赏识,热爱词作,还有着共同的文学主张,都觉得词作应当抒发人的真性情,"止乎礼义"表露性情需细腻,而不应该滥用性情。在当时,词作仍然被当作"艳词"理解,词的内容往往十分香艳,而顾贞观与词人在当时属于异类,因此时常受人嘲讽,被人不屑。面对这样的境况,词中多处引用典故,对追名逐利、冷嘲热讽的"不同"之人直呼"鸡犬";同时表达了自己坚持主张,不怕嘲讽、不畏世俗眼光的坚定态度。

金缕曲·赠梁汾(德也狂生耳)

金缕曲
赠梁汾

德[①]也狂生耳。偶然间、缁尘[②]京国,乌衣门第[③]。有酒惟浇赵州土[④],谁会成生此意[⑤]。不信道、遂成知己。青眼高歌俱未老[⑥],向樽前、拭尽英雄泪[⑦]。君不见,月如水。

共君此夜须沉醉。且由他、蛾眉谣诼[⑧],古今同忌。身世悠悠何足问[⑨],冷笑置之而已。寻思起、从头翻悔。一日心期千劫在[⑩],后身缘[⑪]、恐结他生里。然诺重[⑫],君须记。

【注 释】

①德:作者的自称。

②缁尘:缁尘,指灰尘,尘埃。北宋范成大的《与胡经仲、陈朋元游照山堂,梅数百株盛开》中有"九陌缁尘满客襟,钱塘门外有园林"。

③乌衣门第:指出身贵族。乌衣,指乌衣巷,在今南京,东晋时王、谢两大贵族都在此处居住,后用乌衣代指出身高贵。

④有酒惟浇赵州土:出自唐代李贺《浩歌》:"买丝绣作平原君,有酒惟

浇赵州土。"

⑤**会成生此意**：会，指理解。成生，词人原名成德，后避太子讳改为性德，此为自称。

⑥**青眼高歌俱未老**：化用唐代杜甫《短歌行赠王郎司直》："青眼高歌望吾子，眼中之人吾老矣。"青眼，出自《晋书·阮籍传》，阮籍为人十分狂放，但凡是自己看不惯的一律白眼视人，若是和自己意气相投的便作青眼视人。

⑦**"向樽前"句**：化用自宋代张榘《贺新凉·送刘澄斋制干归京口》："髀肉未消仪舌在，向樽前、莫洒英雄泪。"

⑧**蛾眉谣诼**：出自屈原《离骚》："众女嫉余之蛾眉兮，谣诼谓余以善淫。"

⑨**身世悠悠何足问**：化用唐代李商隐《夕阳楼》："欲问孤鸿向何处，不知身世自悠悠。"

⑩**一日心期千劫在**：心期，指心心相印、称为知己的意思。千劫，佛家用语，天地一生一灭称为一劫。

⑪**后身缘**：指来世的缘分。

⑫**然诺重**：指守信的意思。然诺，指应允的承诺。

【译文】

我纳兰性德也是一个狂放不羁的人啊。只因偶然的机缘托生在这繁华俗世的京城豪门望族之家。我的个性有如那平原君一般喜好交游，可是我的心意又有谁知晓？你与我都不信奉这俗世的教条，因而结成了知己。你我意气相投，如今也都正值青春年少，尚未衰老，在这酒杯前，擦去悲戚的泪水，振作起来。你看那窗外月光如水。

今晚就让我和你一醉方休，不要再去理会小人的流言飞语，自古美人多被嫉妒，无须在意。出身不同又有什么可顾忌？我们自然不屑与他们争论。想起过去的事，反而觉得后悔。只要你和我心心相印，知己情深，即便是遭受劫难，我们的情谊也不会改变。到了来生，我们依然有着相交的因缘。我一向信守承诺，请你也一定要记得。

【赏 析】

这首诗作于康熙十五年（1676），词人22岁，顾贞观40岁。词人与顾贞观意气相投，相见恨晚，全篇直抒胸臆地表达了自己与顾贞观志同道合的友情，劝慰对方不要理会他人的嫉妒、嘲讽之词。

于中好·送梁汾南还，为题小影（握手西风泪不干）

于中好
送梁汾南还，为题小影

握手西风泪不干，年来多在别离间①。遥知独听灯前雨，转忆同看雪后山。

凭寄语，劝加餐②。桂花时节约重还。分明小像沈香缕③，一片伤心欲画难。

【注 释】

①**年来多在别离间：** 词人在康熙十九年至康熙二十年（1680～1681）之间多次扈从出行，因而此处称多在别离间。

②**凭寄语，劝加餐**：化用明代王彦泓《满江红·步韵有寄》："欲寄予，加餐饭。难嘱咐，鱼和雁。"

③**分明小像沈香缕**：顾贞观有"杵香小像"画像，在《南乡子》中有"无计与传神，小像沉香只暗熏"。

【译 文】

在秋风中与你握手言别，泪水涟涟，情难自制，这几年来我们总是一次又一次地分别。遥想你此刻孤独地坐在灯下，倾听耳边秋雨，回想起你我一同在后山看雪时的情形。

只能写信告诉你保重身体。等到秋来桂花盛开的时候再团聚。你的画像在沉香的烟雾中如此清晰，可是分别时的痛苦伤心却难用画笔来描绘。

【赏 析】

康熙二十年（1681），词人的知己好友顾贞观丧母南归，词人不得不与他告别，而近几年来，词人因为官职的关系，奉旨东奔西走，与顾贞观也是聚少离多，使得这番离别更加难舍。

"握手西风泪不干"是描绘分别的场景，执手相送，泣涕不已。下一句则是从对方角度着笔，描写顾贞观在离别后思念词人的场景：顾贞观独自在灯下听雨，想起一起看雪的情形。这其实是词人自己的遐想，也代表着词人也是如此的思念着挚友。下阕写到别后书信往来，宽慰彼此多吃一些饭，这是字面意思，在《古诗十九首》中就有"努力加餐饭"这样的诗句，其实指的是思念无用，倒不如好好保重身体，照顾好自己。信中还约定来年桂花开时再团聚。结句落到词人眼前的实景之中，好友的画像栩栩如生，但是他知道此时好友必然满是忧伤，这份伤心是画卷上所无法呈现的，表达了自己对知己的了解与担心。

点绛唇·寄南海梁药亭（一帽征尘）

点绛唇
寄南海梁药亭①

一帽征尘，留君不住从君去②。片帆何处？南浦沈香雨③。
回首风流，紫竹村边住。孤鸿语，三生定许，可是梁鸿侣④？

【注释】

①**副标题**：南海，指广东省。梁药亭，清初诗人梁佩兰（1629—1705），字芝五，号药亭，广东南海人，与屈大均、陈恭尹和梁佩兰并称"岭南三大家"，著有《六莹堂集》。

②**留君不住从君去**：化用南宋蔡伸《踏莎行·珮解江皋》："百计留君，留君不住。留君不住君须去。"

③**南浦沈香雨**：南浦，本意为南面的水边，多代指送别之地。梁代江淹《别赋》中有"送君南浦，伤如之何"。沉香，典故出自《晋书·良吏传》，吴隐之是一位清官，任职广州刺史，在番禺的时候，他的妻子私藏了一斤沉香，不久被吴隐之发现了，当即把沉香扔进了湖中。后世称投香之处为"沉香浦"，位于今广东东南珠江中的琵琶洲。

④**"三生"二句**：三生，佛教用语，指前生、今生、来生。梁鸿，东汉隐士，

贫苦而有气节，饱读诗书，在霸陵山过着隐居的生活。

【译 文】

　　风尘仆仆，你将要南归广东，我想要留你却留不住，只能任你离去。你踏上归途，河畔留下你清高的名声。

　　回忆着过去潇洒风流的生活，在山林之中快活隐居。你像孤雁南飞而去，如果说人真的有前世，那你前世就是传说中的隐士梁鸿吧？

【赏　析】

　　梁佩兰在进京赴试的过程中运气不佳，长期滞留在京城，也因为这个原因而有缘结识了词人。康熙二十年（1681），梁佩兰决定离开京城回到南方，词人多次挽留都没有成功，本词作于送别之际。词中表现出对好友梁佩兰的恋恋不舍，不忍分离，同时称他是今生的"梁鸿"，清高而隐逸。上阕描绘离别，好友欲归，从留住到留不住，再到水岸送别，一波三折。下阕则是化实为虚，想象好友南归后的隐逸生活，感叹他如梁鸿一般高尚。

　　但实际上，梁佩兰此人并不是天性喜好隐逸，他七次赴考求取功名全部落第，快60岁的时候才中了进士，可以说一生都在追逐功名。之后他转而潜心研究文学及书法创作，获得了很高的成就。但对于词人来说，自己想脱身这仕宦富贵，却完全没有机会，心中对梁佩兰，除了不舍与祝福更多的是羡慕之情。

潇湘雨·送西溟归慈溪（长安一夜雨）

潇湘雨
送西溟归慈溪①

　　长安一夜雨，便添了、几分秋色。奈此际萧条，无端又听，渭城风笛②。咫尺层城③留不住，久相忘、到此偏相忆。依依白露丹枫，渐行渐远，天涯南北。

　　凄寂。黔娄当日事④，总名士、如何消得。只皂帽蹇驴⑤，西风残照，倦游踪迹。廿载江南犹落拓，叹一人、知己终难觅。君须爱酒能诗，鉴湖⑥无恙，一蓑一笠。

【注　释】

①**副标题**：西溟，清初文人姜宸英，字西溟，浙江慈溪人。性格疏散狂放，参加科举数次却始终不曾得功名，直到70岁才被人举荐为进士，后因受牵连而死于狱中。词人十八九岁便结识了姜宸英，并不因为他的狂放个性而疏远他，反而交情深厚，留姜宸英居府中，两人之间留有许多诗词唱和之作。

②**渭城风笛**：出自唐代王维《送元二使安西》："渭城朝雨浥清晨，客舍青青柳色新。劝君更进一杯酒，西出阳关无故人。"渭城，指《渭城曲》，

代指离别之音。

③层城:《淮南子·地形训》中记载"层城九重",后多代指京城。

④黔娄当日事:黔娄,齐国人,传说十分有才华,但是不肯出仕为官,最后贫病而死。

⑤皂帽蹇驴:头戴黑色的帽子,骑着跛脚的毛驴。《楚辞·东方朔》中有"驾蹇驴而无策兮,又何路之能及?"

⑥鉴湖:湖泊名,位于今浙江绍兴。此处代指姜宸英的故乡。

【译文】

长安城里下了一夜的雨,雨后添了不少秋天的景色。在这个萧瑟荒芜的时候,没来由地又听见笛子传来离别的乐声。城楼尽在咫尺,我无法再挽留你,本以为会在互相话别后重回江湖逍遥,可等到这离别的时刻却分外地想要回忆起往昔。露水积在丹枫的树叶上,我们依依惜别,慢慢走着,越走越远,南北相隔。

凄凉孤寂啊,黔娄那样的名士,怎么禁得起?只能戴着黑色的帽子,骑着瘸腿的毛驴,在夕阳秋风中漂泊在旅途中。二十年来你在江南颇负盛名,却不被功名所青睐,狂傲不羁的你在这世上难求知己。希望你回到故乡之后依旧如现在这般爱喝酒,能作诗,在平静的湖面上悠然地垂钓,自在地生活。

【赏析】

这首词写给词人的好友姜宸英,与其他友人不同,姜宸英显得固执又凄凉。康熙十八年(1679),此时的姜宸英已是五十岁的年纪,出仕的希望已经十分渺茫,词人婉转地劝他放弃功名,但是他依旧坚持。直到康熙三十六年（1697），他才终于得中进士，那时他已经是七十岁的高龄了，原本以为心愿了却，但没过多久就受牵连入狱，身死狱中。本词所作之时，词人将心中的劝慰委婉表露，希望友人可以放弃执念，从容而活。上阕描绘了送别时的情形，秋日雨后，在离别的笛声中依依惜别。

下阕则是对姜宸英的理解与宽慰，面对凄凉与孤寂，就算是不为功名所累的名士也觉得难以忍受，而姜宸英一帽一驴一卷西风的凄凉情境满是穷困潦倒与失意孤独。满腹才华却不被世人所接受，反而因为狂放不羁的性格被人们所嘲笑排挤。词人对于姜宸英的际遇感同身受，他满心的离愁别恨，一片真挚的理解与宽慰，在逐字逐句中展现。最后，词人委婉地劝说友人，回到故乡悠然而居，有诗有酒的生活平淡而又真实。

水龙吟·再送荪友南还（人生南北真如梦）

水龙吟
再送荪友南还①

人生南北真如梦，但卧金山高处②。白波③东逝，鸟啼花落，任他日暮。别酒盈觞，一声将息，送君归去。便烟波万顷，半帆残月，几回首，相思否？

可忆柴门深闭。玉绳④低、篆灯夜语。浮生如此。别多会少，不如莫遇。愁对西轩⑤，荔墙叶暗，黄昏风雨。更那堪、几处金戈铁马⑥，把凄凉助。

【注释】

①**副标题**：荪友，清初诗人严绳孙（1623-1702），字荪友，号勾吴严四、藕荡老人、藕荡渔人，江苏无锡人。与朱彝尊、姜宸英并称"江南三大名布衣"，著有《秋水集》，康熙十二年（1673）绳孙与词人相识，结为知己，词人曾留绳孙住在府邸中两年，吟诗作对，感情甚笃。再送，康熙十五年（1676）春夏之交，词人的挚友严绳孙南下回乡，词人为此而作七言诗及本词，因而称为再送。

②**卧金山高处**：指在金山归隐，《晋书·谢安传》中有谢安"高卧东山"。金山，江苏镇江西北，此处借指严绳孙的故乡。

③**白波**：波涛，此指江水东流，亦暗寓时光流逝。

④**玉绳**：星名，《太平御览》卷五引之《春秋元命苞》："玉衡北两星为玉绳。"即北斗七星之斗杓中天乙、太乙二星。

⑤**西轩**：词人宅邸中有西轩，严绳孙曾居于此。

⑥**金戈铁马**：指战争，当时三藩之乱正起，南方战火纷飞，时局不稳。

【译文】

　　人生有的时候真的如同梦境一样，还是隐居在金山的好。江水滔滔东去，鸟鸣虫唱，花谢花开，任时光匆匆流逝。道一声珍重，送你归去。顷刻间江面碧波浩渺，只能看见若隐若现的船帆，一弯残月下几次回头张望，不知你是否也在思念我？

　　最常回忆起的情形，是我们轻轻锁上柴扉。玉绳星悬得低低的，我们在灯烛下剪着灯花相谈甚欢。但人生往往如此。聚少离多，还不如不要结识的好。满腹思绪的我只能对着你曾住过的西轩，昏暗的夜色中，在风中飘摇的藤萝叶子间，还有那南方不停歇的战事下，十分忧愁地思念你。

【赏析】

  本词开篇便是一个虚景，描绘严绳孙回到家乡后过着惬意的隐居生活，看江水滔滔、春去秋来、日升月落，塑造了一个境界高远、时空广大的意向。紧接着是送别时的场景描绘，淡淡数笔勾勒出"不诉离殇"的洒脱。没有泪眼纷飞、执手话别，只是互道一声"珍重"，友人便登船而去，顺流南下，只余浩渺江面上的一点白帆。词人此时依旧没有表露出自己的心迹，而是目送友人离开。紧接着从严绳孙的角度描绘这场离别：自己孤身漂泊江上，月亮渐渐升起，几度回望词人的身影，不知道词人是不是在想念着自己？这其实是在婉转地表达词人的不舍与眷恋。

  下阕描绘的词人睹物思人，对以往的回忆，隐隐透露出对友人的担忧。严绳孙与词人年龄相差32岁，可谓忘年之交，而严绳孙曾应邀在词人的宅邸中生活了两年。词人重回友人的寓所，回忆起过去的把酒言欢，感叹人生聚散无常，甚至发出了"不如相忘于江湖"的感慨。末句联想到南方如今战火纷飞，对友人的前途又担忧起来，词人的至情流露其中。

临江仙·寄严荪友(别后闲情何所寄)

临江仙
寄严荪友①

别后闲情何所寄?初莺早雁②相思。如今憔悴异当时。飘零心事,残日落花知。

生小不知江上路,分明却到梁溪③。匆匆刚欲语分携。香消梦冷,窗白一声鸡。

【注释】

①**副标题:** 严荪友,见《水龙吟·再送荪友南还(人生南北真如梦)》注释。
②**初莺早雁:** 意为从春到秋。初莺,代指暮春时节。早雁,代指初秋时节。
③**梁溪:** 无锡的代称,此处代指严绳孙的故乡。

【译文】

与你分别后,心中相思之情不知诉与谁听?从春到秋,无时无刻不思念。到现在已是憔悴得变了模样,落花随风凋零的哀愁,怕是只有落花自己才会知晓。

我今生从未去过江南,更不认识江南的路,却偏偏来到了你的故乡。刚想抓住你的手,同你诉说心中的思念,转眼间却香味消散,梦境斗转。只看见天将破晓,窗外微白,鸡鸣入耳。

【赏 析】

  这是一首写给严绳孙的词,写成后寄给了远在江南的挚友。明明是念友,却以女子的口吻娓娓道来,轻轻洒洒,情韵别致。

  上阕写的是别后的心情。"闲情"没有倾诉的对象,春去秋来,相思之情日积月累,已经让人憔悴不堪。这样的心绪是什么样的呢?词人不再去形容,而是指着落花说,四处飘零的忧愁,只有你自己知道。一是这忧愁无人可说,只有自己承受;二是这忧愁太过沉重,难以言明。

  下阕则是梦境,日有所思夜有所想的词人,不知不觉忽然到了严绳孙的故乡,正在奇怪自己明明从未来过,不识得路怎么来的,却看见好友出现在了自己的面前。急匆匆上去,想要说话,开口间天旋地转,原是大梦一场。末句落在景色之中,梦醒了,天亮了,鸡鸣了。梦醒的无奈、无限的情谊都在这崭新的一天之中。

浣溪沙·西郊冯氏园看海棠,因忆《香严词》有感(谁道飘零不可怜)

浣溪沙
西郊冯氏园①看海棠,因忆《香严词》②有感

  谁道飘零不可怜,旧游时节好花天。断肠人去自今年。
  一片晕红③才著雨,丝丝柔绿乍和烟。倩魂销尽夕阳前。

【注释】

① **西郊冯氏园**：据考证，此处指的是明代万历年间宦官冯保的私人园林，位于今北京阜成门附近。

② **《香严词》**：清初龚鼎孳的词集初名《香严词》。龚鼎孳（1615—1673），字孝升，号芝麓，谥端毅，与吴伟业、钱谦益并称为"江左三大家"，曾于康熙十二年（1673）任会试主考官，词人是其门生。

③ **晕红**：古代妆容的一种，将红粉涂于脸颊两侧，浓一些的叫作酒晕妆，淡一些的叫作桃花妆。此处代指海棠花的颜色。

【译文】

飘零的落红最让人心生怜爱，曾经一同出游时美好的花儿盛放着，那位因落花而断肠悲戚的人如今已经不在。

海棠花带着酒晕承受着春雨的滋润，柔嫩的绿叶如同烟雾一般伸展着，亭亭玉立，宛如少女，在夕阳消失前便已消散。

【赏析】

这首词并不是单纯的游记词，借赏花而怀人，模仿故人的风格所作，所怀念的便是龚鼎孳。龚鼎孳有着放纵不羁的一生，他生于明代，曾在崇祯年间出仕，后李自成推翻了明朝，又为李自成所用，等到清兵入关，又迎降清人。因此龚鼎孳的一生既被汉人不耻，又被满人嘲讽，但他却依旧毫不在意。龚鼎孳做的另一件不羁的事便是迎娶了秦淮名妓顾眉，他与顾眉双宿双栖，甚至为她博了一个一品诰命夫人的头衔。

正是这样一个经历传奇的人，在词人中举的那年秋天过世。词人在冯氏园中赏海棠，怀念起这位先辈。词人以一个问句起笔，令人眼前一亮。

词人紧接着描绘故地重游而怀念起故人，这位感伤落花的故人已经离世。

下阕是以拟人化的手法描绘了所见的海棠花，带着酒晕妆，像一个柔和的少女静静站在雨中。龚鼎孳的诗作常有海棠花的身影，如今惜花人已去，花魂也随之而去。

临江仙·塞上得家报云秋海棠开矣，赋此（六曲阑干三夜雨）

临江仙
塞上得家报云秋海棠开矣，赋此①

六曲阑干三夜雨，倩谁护取娇慵？可怜寂寞粉墙东。已分裙钗绿，犹裹泪绡红。

曾记鬓边斜落下，半床凉月惺忪②。旧欢如在梦魂中。自然肠欲断，何必更秋风。

【注释】

① **副标题**：本词所作年代不详。秋海棠，又名相思草、断肠花，寓意相思、断肠。《琅嬛记》中记载有女子苦恋不止，不得相见，每每落泪便将泪水洒在北墙之下，不久之后，北墙之下长出了一株花，花朵娇美如同女子的脸庞，碧绿的枝叶衬托在侧，唤作断肠花，又名八月春。

② **"曾记"二句**：化用明代王彦泓《临行阿琐欲尽写前诗》："可记鬓边花落下，半身凉月靠阑干。"

【译文】

曲曲折折的栏杆,已经连下了三夜的秋雨,请谁来保护娇美慵懒的海棠?可怜它独自站立在东边的墙角,绿色的叶子衬托着红色的花朵,轻纱般的花瓣上还带着昨夜的雨水。

记得她戴在鬓边的秋海棠轻轻落下,醒来却只有冰冷的月光半睡半醒的模样。过去的欢爱似乎还在梦境之中,如今每天都是肝肠欲断,哪里还需秋风吹拂?

【赏析】

羁旅在外的词人,收到家中音信,得知家中秋海棠已开。词人开始畅想秋海棠盛放的模样,同时又想起了过去的夫人。故园情深,故人情愁交织在一起,已经分不清是在挂念秋海棠,还是挂念故人。

娇美的秋海棠已盛开,自己却未在身边看护。词人想象着秋海棠如一位娇弱的女子,身着绿裙,妆容娇艳,泪水晶莹。"曾记鬓边斜落下",将秋海棠与心中的故人巧妙地结合在一起,自然地回忆起前尘往事,一瞬间又是梦醒。梦中见到了什么?似乎见到她鬓间插着的秋海棠落了下来,她伸手去拂,却发现原来身在梦中。

"自然肠欲断",秋海棠原本就叫断肠花,即便没有萧瑟的秋风也依旧使人断肠。此处更是一语双关,原本就是肝肠欲断,即便是没有这凄凉的秋景,心中也会一直痛苦惆怅。"何必更秋风",表面上淡然悠远,实则伤情如许。

✍ 临江仙·永平道中（独客单衾谁念我）

临江仙
永平道中①

独客单衾谁念我？晓来凉雨飕飕。缄书欲寄又还休，个侬②憔悴，禁得更添愁。

曾记年年三月病③，而今病向深秋。卢龙风景白人头④，药炉烟里，支枕听河流。

【注 释】

① **副标题**：永平，清代永平府，治所在卢龙县，位于今山海关一带。
② **个侬**：那个人，此处指忆念妻子。
③ **曾记年年三月病**：化用唐代韩偓《春尽日》"把酒送春惆怅在，年年三月病恹恹"，在此当指伤春。
④ **卢龙风景白人头**：卢龙的风景萧瑟，令人忧愁得生出白发来。卢龙，永平府的治所，此地风景稀落萧条。

【译 文】

我如同一个独自在外的异乡人，有谁牵挂着我？天才刚亮，冰冷的雨水就无情地落了下来。写好的书信想要寄出，却还是作罢，她是那么柔弱的人，我又怎么舍得再让她新增烦恼？

还记得过去每年三月间，我都会因伤春而患病，如今却是因伤秋而病了。卢龙一带的景色是如此的萧条，让人忧愁得白发滋生。躺在药炉燃起的烟雾中，支着头，静静听河水远去。

【赏析】

这是一首边塞思乡词，比起豪迈壮阔的边塞词，这首词显得格外凄苦悲怆。词人随军出行，前往萧瑟荒芜的边关一带，这使得词人心境愈加悲凉。频繁的出行及乏味的羁旅生活让词人感觉自己如同无根的浮萍一般，心中满是乡愁与相思。

独自在外，谁会挂念我？开篇便是一个问句。当然会有人挂念词人，只是没有人陪伴在身边，没有人轻声嘱咐着他添衣加餐，让心思细腻的词人少了许多温暖的感受。此时天刚亮，词人已经睡意全无，愣愣地听着外面的雨无情地打落。信已经写好，但迟迟没有寄出，一想到心中的那个人身体单薄，更不敢把信寄去，怕她禁不住愁思的纷扰。

甘愿自己背负愁思，感叹自己的多愁多病，尤其是在这个萧索的卢龙，既没有景色可以愉人，也没有知己可以倾诉，真是愁白了头，只能默默熬着药，听一听流水声。

浣溪沙・大觉寺（燕垒空梁画壁寒）

浣溪沙
大觉寺①

燕垒空梁画壁寒，诸天花雨散幽关②。篆香清梵③有无间。
蛱蝶乍从帘影度，樱桃半是鸟衔残。此时相对一忘言④。

【注 释】

①大觉寺：位于今北京西郊，建于辽代，多次重建改名，在清初，大觉寺是赏花胜地，以玉兰、银杏闻名。
②诸天花雨散幽关：幽静的寺院中，各种具有佛性的花朵盛放着。诸天，佛家用语，指护法的众天神。花雨，出自《仁王经·序品》，佛在说法之时，诸天赞颂，散下鲜花如同纷纷细雨。幽关，指寺院偏僻幽邃。
③篆香清梵：篆香，香的一种，将香粉压到篆形模具中制成。清梵，诵经的声音。
④相对一忘言：化用晋代陶渊明《饮酒》："此中有真意，欲辨已忘言。"

【译 文】

　　燕子筑巢的房梁空空荡荡，绘着壁画的墙冷冷冰冰，寂静的寺院中具有佛性的花朵处处盛放。焚烧篆香的气味与清朗的诵经声相互应和。

巨大的蝴蝶忽然从帘幕的背后飞了出来,树上的樱桃多半都被贪食的鸟雀啄去。此时似乎领悟到了世间的真谛,无须言语。

【赏　析】

这是一首记游之作,词人在京城西郊的大觉寺游览,将所见所闻一一描绘。大觉寺是一个声名在外的赏花之地,大觉寺的玉兰、法源寺的丁香、崇效寺的牡丹,都是不可多得的寺院胜景。词人慕名前来,却在此处感受到了浓浓的佛韵。没有雕梁画栋,燕子却依旧在梁上筑巢,装饰着壁画的墙却冷冷清清。因为此处弘扬佛法,充满佛韵,所以寺院的各个角落才开满了鲜花吧。寺院中供佛的香与僧人们的诵经声萦萦绕绕。

词人漫步其间,见到蝴蝶不畏人地穿梭在帘幕间,成熟的樱桃被鸟儿自在地啄食,忽然体悟到了佛法与佛意,想要开口辩说,却忽然忘怀,颇有禅趣与佛性。

长相思(山一程)

长相思

山一程,水一程。身向榆关那畔①行,夜深千帐灯。

风一更,雪一更。聒②碎乡心梦不成,故园无此声。

【注释】

①榆关那畔：指关外。榆关，指山海关，位于今秦皇岛市。

②聒：指声音嘈杂，吵闹声不绝，此处指风雪声交织。

【译文】

  山山水水，走过了一程又一程。向着山海关外远行，夜已深，数千营帐搭起，数千灯火交相辉映。

  大风大雪，过了一个时辰又一个时辰。风雪声让人难以入梦，故乡从未有这样的声音。

【赏析】

  康熙二十一年（1682），康熙皇帝出山海关，东巡告祭祖陵，词人随行前往。《长相思·山一程》及《如梦令·万帐穹庐人醉》作于途中。王国维对这首词的评价甚高，整首词用词简单但意境大气磅礴，真切地流露出思乡的情怀。

  上阕"山一程，水一程"极富动态地描绘了队伍不断前行的模样，重复的排列透露出旅程的遥远、枯燥，引发异乡漂泊的悲凉感。紧接着点明了前行的方向"榆关那畔"，没有指出具体的目的地，反而让人生出旅途漫长没有尽头的错觉，只知道向着那个方向去，却不知究竟去往何处。"夜深千帐灯"直观地表达了这次出行的声势浩大，塞外黑夜中灯火交相辉映的壮丽景色。

  下阕描绘塞外的风与雪，狂风与大雪从未停歇，天气不能更恶劣了，而怒吼的狂风，簌簌的大雪，让词人深感不适应，似乎这个异乡不接受这些异乡人一般。想要在睡梦中回到故乡去，却被这风雪声吵醒。在故乡哪里有这样残暴的声响？此处朴素自然地表达了词人心中的羁旅乡愁。

如梦令（万帐穹庐人醉）

如梦令

万帐穹庐①人醉，星影摇摇欲坠。归梦隔狼河②，又被河声搅碎。还睡，还睡。解道醒来无味。

【注释】

①穹庐：指圆顶的毛毡帐篷，因其形如穹隆，故名。
②狼河：即白狼河，今大凌河，位于辽宁。

【译文】

千万顶毛毡帐篷里，将士们喝得醉醺醺，天空中的繁星看起来摇摇欲坠。回归故园的梦被白狼河水阻隔，滔滔水声将梦境打碎。再多睡一会儿多梦一会儿吧，醒来便是无趣无味。

【赏析】

地上是千万的穹庐，结合词人《长相思·山一程》中的"夜深千帐灯"，帐中是饮酒御寒的将士们，在这苦寒之地，只能依靠烈酒来保持体温，词人也是如此，在饮酒过后，看着天上的星星都几乎要坠落在地。

醉酒之后，词人借着酒意酣然入睡，梦中回到了自己的故乡，可是耳畔传来滔滔的水声，水声时时刻刻提醒着词人，他此时正在白狼河畔。被这恼人的河水吵醒了美梦，词人辗转着不愿醒来，反复说着睡吧睡吧，醒来便要继续无穷无尽的旅途，索然无味的行军了。

比起《长相思·山一程》，这一首词显得更加忧郁，好梦不到家，又被涛声惊，字里行间全是厌倦与乡愁。

菩萨蛮（问君何事轻离别）

菩萨蛮

问君①何事轻离别，一年能几团圆月？杨柳乍如丝。故园春尽时。春归归不得，两桨松花②隔。旧事逐寒潮，啼鹃③恨未消。

【注释】

①**问君**：此处当是词人自问。
②**松花**：指松花江，流经黑龙江、吉林两省。
③**啼鹃**：指啼叫的杜鹃鸟，一名子规。

【译文】

想要问问自己：为什么要轻易地分别？这一年之中能有几次团圆？此处的柳树刚刚发出嫩芽，但我知道家乡已经是春天快要过去了。

春天时想要回去，却又回不去，回去的船儿被这江水阻隔。往昔的回忆如同眼前寒冷的烟波浮浮沉沉，思归的心情难以平复。

【赏　析】

想要问一问自己：为什么要轻易地离别远行，许久都不回家？这是词人的自问，也是词人代替家人代替妻子问的问题。人人艳羡的扈从出行，却是这么的令人无奈。眼前看见的柳树才发新芽，在故乡，这个时节已经暮春将尽。曾经说好春天就回去，结果还是回不去，一颗回家的心被琐事耽搁。追忆往昔，思绪如同寒冷的波涛，令词人心中发寒，杜宇化作杜鹃鸟一声声"不如归去"，遗恨始终未曾消散。

词人毫不掩饰自己对扈从出行的厌倦与无奈，处在牢笼中身不由己，渴望享受春光、回到亲人身边。然而日复一日的行军，使词人离家园越来越远，无法掌握自身命运的无奈一览无余。

月上海棠·中元塞外（原头野火烧残碣）

月上海棠
中元①塞外

原头野火烧残碣②，叹英魂、才魄暗销歇③。终古江山，问东风、几番凉热。惊心事，又到中元时节。

凄凉况是愁中别，枉沈吟、千里共明月。露冷鸳鸯，最难忘、满地荷叶。青鸾④杳，碧天云海音绝。

【注释】

① **中元：** 见《眼儿媚·中元夜有感（手写香台金字经）》注释。

② **原头野火烧残碣：** 化用南宋刘克庄《长相思·烟凄凄》："野火原头烧断碑，不知名姓谁。"

③ **销歇：** 指消失、消散的意思。

④ **青鸾：** 即青鸟。见《少年游·算来好景只如斯》注释。

【译文】

　　原野尽头的野火猛烈地燃烧着断裂残破的石碑，多少英雄人物的魂魄就在这片原野上默默消失。面对这久远的山河，问一问春风：多少次热血沸腾之后又有多少次冷漠沉寂？中元节时，最让人觉得悲凉凄惨的便是忧愁的离别。

　　枉费多少次的低吟浅唱"但愿人长久，千里共婵娟"，却始终无法排遣心中凄凉。秋天的露水如此冰冷，双双栖息的鸳鸯怀念着繁盛的荷叶为它们挡住夜晚的露珠。送信的青鸾不见踪迹，音信断绝，让人格外寂寞。

【赏析】

　　本词采取上下递进的方式，上阕感叹古今时间之恨，下阕感叹远近空间之恨。

　　上阕词人感慨着历史的车轮滚滚，世间一切都将归于沉寂。中元节到了，此时词人正在塞外，广袤的原野一望无垠，除了天边的云彩便是原野上无尽的野火，不知从何处而起，转眼间吞噬了一切。在这野火中，词人看到了残破断裂的石碑，可是即便是曾经的英雄豪杰又有什么用？

江山代有才人出，在这个中元节，让人觉得愈加触目惊心。

下阕词人感叹人生的离别之苦，天各一方，音讯全无。比英雄离去更凄凉的便是在愁病中又逢离愁。嘴上总说着，明月千里寄相思，可是却完全无法慰藉孤寂愁苦的心灵。就好比是鸳鸯，总是等到露水寒冷的时候才回想起荷叶遮挡露珠时的惬意。

点绛唇·咏风兰（别样幽芬）

点绛唇
咏风兰①

别样幽芬，更无浓艳②催开处。凌波③欲去，且为东风住。忒煞④萧疏，争奈秋如许。还留取，冷香半缕，第一湘江雨⑤。

【注释】

①**风兰**：兰花的一种，一般寄生在无人的深山树干上。

②**浓艳**：指颜色艳丽的花朵，浓重华丽的色彩，相对前句"幽芬"而言。

③**凌波**：原指在水面上踏水而行的美丽姿态。出自三国曹植《洛神赋》："凌波微步，罗袜生尘。"此处代指风兰在风中摇曳。

④**忒煞**：太、过于。

⑤**第一湘江雨**：本词曾寄予友人张见阳，副标题为"题见阳画兰"，故而此句是赞赏此画风兰中第一。

【译 文】

  风兰散发出独特的深邃幽香,没有一丝的艳丽浮华。春风吹来,它在风中摇曳,几乎要随风而去。

  如此稀疏的枝叶,怎能抵挡住秋风的欺凌?还是把它留下来,连同那被风吹散的香气一起画入画中。见阳的这一幅风兰真是画中第一了。

【赏 析】

  这是一首咏物词,其次才是一首题赠词。上阕细腻地描绘了风兰素雅落落的姿态,清恬淡雅的香气,不染尘埃的高洁花色,更是用拟人的手法将风兰与洛神相比,轻盈而美丽。一个"住"字点明词人对风兰的喜爱,希望它可以长久地保留,也承续了下阕。

  下阕是词人对风兰的怜惜,看到单薄的它难以抵抗秋风,恐怕要凋零时,词人流露出满心的不忍与怜爱,于是想出将这娇弱的姿态与半分的香气留在画中的主意。读到最后一句,才惊觉词人是在赞美好友所画的风兰。

疏影·芭蕉(湘帘卷处)

疏影
芭蕉[①]

  湘帘卷处,甚离披[②]翠影,绕檐遮住。小立吹裙,曾伴春慵[③],掩映绣床金缕。芳心[④]一束浑难展,清泪裹、隔年愁聚。更夜深细听,空阶雨滴⑤,梦回无据。

正是秋来寂寞,偏声声点点,助人离绪。缬被⑥初寒,宿酒全醒,搅碎乱蛩双杵⑦。西风落尽庭梧叶,还剩得、绿阴如许。想玉人、和露折来,曾写断肠诗句。

【注 释】

①**芭蕉**:植物名。叶片宽大,古人曾有题诗叶上的习惯。

②**离披**:舒展、摇荡的样子。

③**春慵**:指春天慵懒的情绪。

④**芳心**:指花心的意思。宋代苏轼《贺新郎·夏景》:"秾艳一枝细看取,芳心千重似束。"

⑤**空阶雨滴**:见《金缕曲·亡妇忌日有感(此恨何时已)》"滴空阶"注释。

⑥**缬被**:彩色花纹交织的棉被。

⑦**双杵**:古代捣衣的一种方法。见《南乡子·捣衣(鸳瓦已新霜)》注释。

【译 文】

湘妃竹制成的竹帘轻轻卷起,伸展着枝叶摇动的芭蕉绿影婆娑,遮过了屋檐。芭蕉好比一个少女亭亭而立,风儿吹动了裙摆,带着春天的慵懒,掩住了绣花床上的金缕衣。花心卷成一束难以展开,雨水如清泪一般裹在花心中,担心日后无法再聚。更深夜重的时候,细细听着无人台阶上雨水滴落的声音,恍如一梦,无所依凭。

如今秋天已经到来,寂寞的时节里偏偏听见雨点落在芭蕉叶上的声音,更让人心生愁绪。薄棉被已经觉得有些微凉,宿醉尚未完全清醒,蟋蟀声和捣衣声夹杂在一起。院子里的梧桐树已经在秋风里落尽了树叶，只剩下芭蕉树依旧郁郁葱葱。回想起佳人曾在清晨摘下它的叶子，在芭蕉叶上写下令人断肠的文字。

【赏 析】

据考证，本词作于词人二十二岁之前，全词满是春愁秋怨，却曲曲折折不点明，婉约细腻。虽然题写为咏物词，但其实是一首怀人词，所怀对象并没有点明。

院中的芭蕉如同少年一般翠影摇曳，心中却结着愁怨。只能夜夜听着空阶雨滴，好梦也没有依凭。上阕若是描写春日里慵懒的少女，那么下阕就是秋天来临，雨滴芭蕉的声音变得凄切难忍。在蟋蟀声、捣衣声、落叶声混杂的声音之中，雨打芭蕉的声音依旧分明。词人回想起自己为何会如此在意这一棵芭蕉树，因为自己的爱人曾经在一个清晨折下它的叶子，写下了令他断肠的词句。

眼儿媚·咏红姑娘（骚屑西风弄晚寒）

眼儿媚
咏红姑娘[1]

骚屑[2]西风弄晚寒，翠袖倚阑干。霞绡[3]裹处，樱唇微绽，鞓鞨[4]红殷。

故宫事往凭谁问，无恙是朱颜。玉墀[5]争采，玉钗争插，至正年间[6]。

【注释】

①**红姑娘**：酸浆的别称。元代时，京城内庭院里多种植。

②**骚屑**：指风声。汉代刘向《九叹》中有"风骚屑以摇木兮"。

③**霞绡**：形容红姑娘的果实有花冠一般的外形。

④**靺鞨**：红宝石、红玛瑙的意思。相传红玛瑙产于靺鞨国，因此命名为靺鞨。后世诗词中，常用靺鞨、琉璃来形容晶莹剔透。

⑤**玉墀**：女子的饰品，玉制发钗，此处代指宫中女子。

⑥**至正年间**：指元顺帝年间，即公元1341至1367年。

【译文】

呼呼的西风吹得夜晚愈加寒冷，红姑娘翠绿的枝叶倚靠在栏杆边。花冠如同轻柔的细纱包裹着果实，红色的珠果在细纱间若隐若现。

紫禁城里的往事会有谁再问起呢？唯一不变的是红姑娘的模样。宫女们都争相采摘红姑娘，争相将它插在发间，直到至正年间。

【赏析】

这是一首咏物词，也是一首怀古词。传说元代曾在宫中种植红姑娘，而如今红姑娘果实尚在，原本宫人争相采摘的情景却已消失。上阕以拟人的方式描绘了红姑娘的娇媚可爱，下阕转而描绘"物依旧"而"世事非"的今昔对比。红姑娘在至正年间最受欢迎，也正是在那期间，元朝被朱元璋推翻。词到此戛然而止，只留下浓浓的历史余味供人猜想。

眼儿媚·咏梅（莫把琼花比淡妆）

眼儿媚
咏梅

莫把琼花比淡妆①，谁似白霓裳②。别样清幽，自然标格③，莫近东墙④。

冰肌玉骨天分付⑤，兼付与凄凉。可怜遥夜，冷烟和月，疏影⑥横窗。

【注 释】

①**莫把琼花比淡妆**：不要把琼花和梅花做比较。琼花，又名聚八仙，花开洁白。淡妆，此处指梅花，宋代欧阳修《渔家傲·露裛娇黄风摆翠》："仙格淡妆天与丽，谁可比。"

②**白霓裳**：指神仙的衣裳，《楚辞·九歌·东君》："青云衣兮白霓裳，举长矢兮射天狼。"

③**自然标格**：出自宋代柳永《满江红·访雨寻云》："就中有、天真妖丽，自然标格。"标格，指风范、风度。

④**东墙**：宋代程垓《眼儿媚·咏梅》："一枝烟雨瘦东墙，真个断人肠。"

⑤**冰肌玉骨天分付**：化用北宋李之仪《蝶恋花·玉骨冰肌天所赋》："玉骨冰肌天所赋，似与神仙，来作烟霞侣。"

⑥**疏影**：出自北宋林逋《山园小梅诗》："疏影横斜水清浅，暗香浮动月黄昏。"

【译文】

不要拿琼花来与梅花相比,哪一种花像是纯白的仙衣?梅花有着不同寻常的芬芳暗香,不要试图靠近欣赏。

梅花冰一般的肌肤,玉石一般的傲骨都是上天的赐予,还有那孤高与凄凉。可叹每一个深夜,在迷蒙的烟雾和朦胧的月色里,只留一束疏散的影子散在窗前。

【赏析】

梅花,历来为文人雅士吟咏不绝,此篇吟咏的是白梅。北方天寒地冻,原本并不适合梅花生长,每年江南织造进贡盆梅,词人所见即是盆中的白梅花。梅花向来以品格孤傲:不畏严寒而深受人喜爱,本词吟咏的白梅花更是雪白冰晶。词人在吟咏白梅的同时,其实也是在自喻,抒发着自己在孤寂中自得其乐的情怀。

淡黄柳
咏柳

三眠①未歇,乍到秋时节。一树斜阳蝉更咽,曾绾灞陵②离别。絮已为萍风卷叶,空凄切。

长条莫轻折,苏小③恨、倩他说。尽飘零、游冶章台④客。红板桥⑤空,湔裙人⑥去,依旧晓风残月。

【注释】

① **三眠：**蚕自收蚁到老熟，一般蜕皮四次，称"四眠蚕"，蜕皮三次则为"三眠蚕"。三眠未老，故说"未歇"。古人以蚕的形状比喻人的眉毛，又因柳叶状似眉，此外以蚕喻柳叶。

② **灞陵：**西汉文帝陵，位于长安东郊灞水岸，汉代时常常在此处送别，折柳相赠，后世便以灞陵或灞桥代指离别、送别。

③ **苏小：**指南齐钱塘名妓苏小小。唐代温庭筠《杨柳枝》中有"苏小门前柳万条"。

④ **章台：**秦时宫名、汉时街名均有章台，后以汉长安章台下街名代指秦楼楚馆。唐代韩翃有姬妾柳氏，韩翃某次省亲时将柳氏独留在长安，没想到安史之乱爆发，柳氏为了自保而出家为尼。韩翃寻不到柳氏的下落，于是写了一首诗："章台柳，章台柳，昔日依依今在否。纵使长条似旧垂，亦应攀折他人手。"

⑤ **红板桥：**泛指情人离别的地方。唐代白居易《杨柳枝词》中有"红板江桥青酒旗，馆娃宫暖日斜晖"。

⑥ **湔裙人：**出自唐代李商隐《柳枝序》："当去湔裙水上，以博山香待，与郎俱过。"

【译文】

秋天刚刚来临，柽柳还没有歇息。一树柳枝沐浴在夕阳之中，寒蝉的声音愈加凄切，还记得曾经在灞桥分别，折柳相赠。柳絮飘落在池塘中已经化作浮萍，秋风卷起落叶，让人觉得无限凄凉。

不要轻易地攀折柳枝，情人分别的离恨都寄托于此。柳叶飘零，章台游冶的客人已经离去。情人离别的地方杳无人迹，昔日的恋人已经不在，只剩下杨柳枝在残月下舞动。

【赏析】

词人的词集中有许多咏柳的词作,但词人对于柳树的喜爱,并不是缘于柳树的品性。柳树有着许多的寓意,提起柳树,最先想到的自然是送别,汉代人们常送客送到灞桥边,然后折下柳枝来送别。早在《诗经》之中,就有"昔我往矣,杨柳依依"的句子,"柳"与"留"同音,都是挽留的意思。而柳丝中的"丝"和"思"同音,柳絮中的"絮"又和"绪"同音,柳絮飞散的模样又好比是天涯漂泊,因此柳树有着丰富的寓意。

词中描绘了柳树的不同情形,三眠柳不屑、斜阳细柳、灞陵折柳、柳絮化萍,又将与柳树相关的典故一一铺陈,苏小小、章台柳、《柳枝序》,其实表达的正是暗含在典故中的情绪——情人离别之苦。词的对象暧昧不明,但极有可能是沈宛,下阕中的用典几乎都在暗示沈宛的身份,我们可以大胆猜测,初秋时节词人看见柳树后心中浮现出沈宛离别时的情形,因而思绪纷纷。

忆秦娥(长飘泊)

忆秦娥

长飘泊。多愁多病心情恶。心情恶。模糊一片,强分哀乐①。拟将欢笑排离索②,镜中无奈颜非昨。颜非昨。才华尚浅,因何福薄。

【注释】

①强分哀乐:指心中并不觉得快乐,却要随人强行做出快乐的姿态。

②**离索**：指离群索居的意思。

【译 文】

  漫长无尽的漂泊，让人满腹愁怨、满身病痛、心绪烦厌。已经分不清究竟什么是哀什么是乐，人生似是模糊一片。

  想要强颜欢笑来排遣离群索居的悲苦，但看着镜子中的自己却发现已是未老先衰，容颜一日老于一日。我并非才华无双之人，为何竟会如此福薄命浅？

【赏 析】

  这首词原本是词人感慨自己的福薄命浅，但似乎不经意地随口说来，反而更显得格外直率，读来让人觉得感同身受。

  开篇"长漂泊"是所有愁绪的起因，此人紧接着描绘了长漂泊带来的"福薄"。一是"多愁"，因为漂泊在外，总是思念亲人朋友，舟车的劳顿也引发了羁旅的愁思。二是"多病"，在外漂泊总是倍加艰辛，让人不适。三是"心情恶"，心情恶既是多愁的表现也是多病的表现，这种"恶"既是对仕途的不满，也是对自己的否定。

  在这样的煎熬之下，词人抑郁不堪，似乎再无喜怒哀乐，整个人变得麻木无知。这是每一个愁思满怀的人都会有的感受，当自己做着让人烦厌的事时，内心的不适、身体的痛苦、心中的煎熬都让人喘不上气，似乎为自己的麻木感到悲哀。只觉得自己老得很快，今天和昨天仿佛是两张脸。人总说天妒英才，可是我并没有什么才能，为何要如此折磨我？词人只能用笔发出这样的质问。

太常引·自题小照(西风乍起峭寒生)

太常引
自题小照①

西风乍起峭寒②生,惊雁避移营。千里暮云平③,休回首、长亭短亭。无穷山色,无边往事,一例冷清清。试倩玉箫声,唤千古、英雄梦醒。

【注 释】

① 副标题:本词题于《楞伽出塞图》,作于康熙二十一年(1682)秋,此时词人正前往梭龙,于途中所绘,画师不详。
② 峭寒:严寒,此处指西风乍起,应当是初秋时节。
③ 千里暮云平:出自唐代王维《观猎》:"回看射雕处,千里暮云平。"

【译 文】

西风骤起,严寒来临,军队转移的动静让大雁纷纷惊飞躲避。晚霞千里,一望无垠,万不可回头张望,身后长亭、短亭接连不断。

周围的高山,勾起了无限的追忆,都是冷冷清清的模样。将往事寄托在箫声中,唤醒千古以来的英雄梦想。

【赏析】

　　这首词题写在词人出塞的一张画像上,上阕描绘塞外景色,下阕则是自己的心境,寥寥数笔却包含了几种不同的心绪。

　　秋风、严寒、大雁,这一串接连的意向由"移营"联系起来,此时我们似乎也到了那黄沙漫漫、风如刀割的塞外之地,此处除了西风便是大雁,再无其他。词人抬头向前望去,绵延千里的暮云望不见尽头,想要转身回望却又心生怯意,因为他知道自己的背后只有长亭、短亭。长亭、短亭,是古代设立在路边供行人休息的地方,一般十里一长亭,五里一短亭,此处暗指词人已经离家极远,即便是回身张望也望不到故园。还是不要徒增烦恼了,继续向前看吧。

　　下阕是所见之景,除了山还是山,勾起无限的往事。这些往事都和这些山一样,冷冷冰冰,让人惆怅。在这荒无人烟的地方,词人满是乡愁与惆怅,吹起了洞箫。面对着这苍茫大地,心中想起那些战死沙场的英雄,是如何怀抱着对故园的思念、对国家的忠诚将热血洒在这凄凉的远方的。

凤凰台上忆吹箫·守岁(锦瑟何年)

凤凰台上忆吹箫

守岁[①]

　　锦瑟何年[②],香屏此夕,东风吹送相思。记巡檐笑罢,共捻梅枝[③]。还向烛花影里,催教看、燕蜡鸡丝[④]。如今但、一编[⑤]消夜,冷暖谁知。

当时。欢娱见惯,道岁岁琼筵,玉漏如斯。怅难寻旧约,枉费新词。次第朱幡⑥翦彩,冠儿侧、斗转蛾儿⑦。重验取,卢郎⑧青鬓,未觉春迟。

【注释】

①副标题:古人将岁末的最后一天定为除日,这一天的夜晚称为除夕,除夕当晚,家家户户围坐在炉边不眠直到天明,称为守岁。

②锦瑟何年:出自唐代李商隐《锦瑟》:"锦瑟无端五十弦,一弦一柱思华年。"

③"记巡檐"二句:出自唐代杜甫《舍弟观赴蓝田取妻子到江陵喜寄》:"巡檐索共梅花笑,冷蕊疏枝半不禁。"巡檐,指在屋檐下来来往往。

④燕蜡鸡丝:据记载,古人在正月初一制作丝鸡、腊燕、粉荔枝迎新年。

⑤一编:指一卷的意思,古代最早用竹简记事,竹简由牛皮绳编在一起,因此称为"一编"。随后用纸,但依旧沿用一编之说,代指一卷书籍。

⑥朱幡:指红色的春旗。见《浣溪沙·记绾长条欲别难》注释。

⑦斗转蛾儿:南宋康与之《瑞鹤仙·上元应制》:"闹蛾儿满路,成团打块,簇著冠儿斗转。"斗转,指旋转的样子。蛾儿,过年时装饰在头上的饰品,可以转动并发出声音。

⑧卢郎:出自北宋钱易《南部新书》,卢郎暮年娶妻崔氏,崔氏颇有才华,作诗曰:"自恨妾身生较晚,不见卢郎年少时。"此处词人以卢郎自比。

【译文】

　　锦缎一般美好的青春年华如今一去不返,今夜只有华美的屏风,还有阵阵春风传递着相思。还记得过去曾一起守岁,你我在屋檐下说笑,一起伸手去折盛放的梅花。回头看看烛光灯火,催我来看为迎接新年制作的丝鸡、腊燕。而现在，我只能靠着读书消磨整夜，这其中的滋味又有谁知道？

那时候见惯了欢乐的场景，每年都是筵席不断，以为时光永远如此。过去的约定已经无处找寻，心中惆怅万分，白费了一阕阕新词。一户户的人家都挂起了裁制好的春幡彩旗，人人都戴上了迎新年的装饰，头饰转动发出的声音满街都是。再看看我现在，尚未衰老，却已无人陪伴。

【赏　析】

作为华夏儿女，过年永远是头等的大事，词中记录了许多春节的习俗，守岁，制作丝鸡、腊燕，裁制春幡，戴蛾儿等。本词作于除夕，却没有喜庆欢乐的气氛，反而是词人在这个特殊的日子里怀念着一位故人，词作的对象并不分明，有可能是青梅竹马的初恋，也有可能是相伴两年的卢氏，还有可能是某位恋人。

开篇的"锦瑟""香屏""东风""相思"是李商隐诗歌中常用的意向，词人借此感叹时光流逝，情已不再。承续这种感慨的是词人对过去的回忆，同样是除夕，过去是有人陪伴，在欢声笑语中度过守岁时光，如今却是孤身一人靠读书消磨时光。今昔对比，心中悲伤不止。

下阕依旧是对过去的追忆，欢乐、热闹。而现在，词人却只能独自寻找当初的约定，一无所获，还白白浪费了许多新词。门外，家家户户都高高挂起春幡、彩旗，人人都戴着热闹喜庆的小饰品，只有自己这里冷冷清清。其实哪里会冷清？出身豪门的词人家中必然也同样张灯结彩，只是词人心中凄凉，欢乐全无罢了。结句以卢郎自比，卢郎直到暮年才娶妻，自己如今青春年少，要过多少年才能再有人相伴？这样的自喻对照充满了孤独与哀愁。

● 词人小传 一生恰如三月花。

承平少年，锦衣公子

　　历史是不会停歇的滚滚长河，古人常说光阴似箭，时间将世间万物细细雕琢，宇宙万物不断地繁衍，又在时间的消磨下化作无尽的尘埃。在这层层叠叠的灰烬之中，有的如同尘土层叠，终被湮没，无人问津，有的却如同佳酿，被时间酿成了一坛回味悠长的醇酒。

　　遍读唐诗，便觉得自唐之后无好诗；再读宋词，又惊觉佳词难再有；又如元曲杂调，感慨着一代自有一代的造化。自己好比是那个晋人，执斧进山，在幽暗密林中失去了方向，忽然看见有人下着精妙的围棋，一番欣赏，已是数百年光阴。

　　数百年间，世上有千千万万的人出现又消失，在这片广袤的土地上，有人会留下一星半点的痕迹，有人却如轻风拂过，不见踪影。数百年后，一句"人生若只如初见"，穿透历史的尘埃，轻轻拍打在每个人的心上。

　　是啊，三百年光阴里，还有一个人：承平少年，锦衣公子。

　　他生于海晏河清、修文偃武之时，诞于钟鸣鼎食、显赫富贵之家；他自幼聪颖好学、博闻强识，且精于骑射武功，胸怀吞鲸之志。鲜衣怒马少年郎，自此登上了历史的舞台。数百年后，有人翻开他的集子，吟哦一番，便惊为天人，字里行间情真意切，不觉让人泪流满面。

他就是纳兰性德。

顺治十一年（1655）腊月，凛凛寒风中的纳兰府一片慌乱，所有人都在焦急地等待着一个小生命的诞生。那个平日里满面笑容、慈善和气的一家之主正在厅里喝着茶，茶叶在碗中静静散发着香气，主人的神色有一丝的紧张。不久之后，仆人匆匆来报，面上带着喜气，端着茶碗的人心里终于是踏实了——纳兰家的长子出世了。

纳兰，是个动听的复姓，舌尖在上颚轻盈地触碰，婉转多情，可并非汉族之姓。在更为久远的年代，他的祖先在北方草原上策马奔驰、逐草而居，最初他们的姓氏为默特，在草原部落的血性战斗中，他们夺取了纳兰部的领土，从此默特一族在纳兰部的领土上繁衍生息，改姓为纳兰。

正当元朝的政权被农民起义的烽火所毁灭，远居塞外的纳兰氏渐渐归附了后金。数百年后，他们随清军入关，以正黄旗的身份，帮助满族人建立了历史上最后一个封建王朝。

他的父亲、才华横溢的纳兰明珠是当朝的太傅——太子的老师；他的母亲乃是努尔哈赤的孙女，亲王爱女，一品诰命夫人；而他又是这个钟鸣鼎食之家的长子。这些都注定了，从他出生的那一刻起，他的名字就定会出现在史书之中，哪怕寥寥几笔。然而这个纳兰带给历史的，又何止是寥寥几笔？

《周易》："君子以成德为行。"他被寄予厚望，取名为"成德"。他几乎与这个王朝的盛世一同降临。纳兰7岁，康熙皇帝登基；纳兰13岁，康熙皇帝亲政。这是一个开启盛世的时代，明主圣君，怀柔天下；这是一个建功立业的时代，国家初定，战火未熄。

之后皇子保成被立为太子，纳兰为了避讳，将名字改为性德。其取字容若，小字成哥，号楞伽山人。楞伽山，传说中佛陀曾在此山宣讲《楞伽经》，山中有无量花园，园中有香树一株，微风拂过，枝叶之间流布百千妙香，传扬百千妙音。他便许愿能做这山中之人，隐居于佛陀的熏风之中。未来的许多岁月里，他都这样与佛相伴，追寻一丝内心的澄静。

作为名门望族的长子，纳兰从小就被家人寄予厚望，学识渊博的父亲给他启蒙，识文断字是每日必修的功课。练习骑马射箭，先祖马背上的生涯他依然承续着。京城里人人都知道纳兰家的少年过目不忘，天资聪颖。垂髫年纪，既能朗声诗词，又能弯弓射箭。他不像寻常孩童那样能欢乐游戏，在严肃的氛围中慢慢成长，锦衣玉食他不缺，似锦前程他注定会有。

他的心里装着雄图大业，他渴望在战场上厮杀，渴望与现实枯燥生活所不同的热血生涯；他渴望着成长，希望能早日建功立业，策马凯旋。他还读着江南的诗词，向往着如水的南方，想在吴侬软语里寻找与北方的凛冽全然不同的温婉细腻。当然还有爱情，懵懂的少年向往着情。在那座看似热闹的豪门宅邸之中，每个人都想要亲近他，却又都和他保持着距离。孤独是一直以来的心病，若是有爱，人生必然会温暖起来吧？

少年纳兰的心里塞满了种种惆怅与期望，渴望振翅高飞、体验截然不同的生活，渴望爱与温暖的怀抱。这时候的他还没有想到，在他的生命之中，命运会把他所渴望的东西一一带到他的面前；而当他沉浸在梦想变成现实的喜悦中时，命运却再次出现，将所有馈赠一点点抽走。

郎骑竹马，妾弄青梅

最近，纳兰家的大少爷看起来似乎有些疲倦，按理来说，"疲倦"这样的词不该出现在一个十三四岁的少年身上。他只觉得自己有些不舒服，却说不出究竟哪里不舒服。问安的时候，他没有和母亲说起；随侍的伴读和乳娘，他也不曾告诉。他不是不想说，而是知道自己不能说，疾病疼痛就好比是顽劣的借口，就像是不愿读书、不想习武才会随口说出的谎言。

阿梨说："冬哥儿，你一定是最近读书太用功了，所以才会觉得累些，大老爷办了那么多宴会，你可受累了。"

阿梨是全府上下唯一一个会用心观察纳兰并细心宽慰他的人，有些情绪即使他不显露出来，她也能知道。若是有谁能治好他这突然而来的不适，恐怕也只有阿梨了。

"嗯……"纳兰含含糊糊地应了一声。不知道为何，和阿梨在一起时，他便会忘了自己是纳兰府的长子，是被寄予厚望的接班人。每一日最欢喜的时刻便是黄昏时分，他可以和阿梨在无人经过的院子里数数晚归的鸦雀，看看天边的晚霞，填填词，唱唱曲儿，逍遥自在地生活。

每天的行程都满满当当，只有在黄昏的时候才能同阿梨在后花园里静静坐一坐。每一次来这僻静的小院，阿梨都乖巧地坐在梨树边，身上虽穿的是旧衣，却丝毫不见窘迫。这安静的模样，让人忽然脸红起来。

阿梨是什么时候出现在自己身边的？纳兰不由得回忆起来。大约是六七年前，那时父亲总是不见人影，不仅是府内，似乎连整个京城都在沉默。没有人敢高声谈论，所有人都胆战心惊地过活。直到一天傍晚，母亲忽然命人传话来——明日有客人来，下了学早点回家，不要耽搁了。

自己早就有些听闻，似乎是某位不常走动的亲戚来拜访。"还有一个同你年龄相仿的小姐呢，按年龄应当唤你一声表哥……"乳娘随口说道。

那一日，纳兰下了学，换过衣服便赶去母亲处，果然见一位妇人坐在一旁。他行了礼，陪着答了一些话，便退在一边，四下里也没有看见什么"表妹"。以他课业繁忙为由，母亲遣他回去，步履匆匆的他在回廊处停了下来。只见不远处的梨树下，一个乌发的小姑娘正抬头望着满枝洁白的梨花。

回忆中的身影与眼前的人相重合，纳兰这才惊觉，时光飞逝，记忆中的小姑娘如今已经是亭亭玉立。

阿梨浅笑着冲他招了招手，软软地唤着"冬哥儿"。明明和过去一样，今天他不知怎的红了脸。纳兰慢慢走上前，轻轻地握住了阿梨的手。

那一年的拜访后，阿梨便留了下来。原本是拜访数日，可是三日后那锦衣妇人独自离去；原本说好"派人来接"，却迟迟不见踪影。家中的变故她并不清楚，只知道自己此生怕是要寄人篱下了，她眉目间始终氤氲着化不开的忧愁。

这些纳兰都是知道的。这个家说大不大，说小也不小，府中虽人数众多，但她却无人陪伴，仅靠着母亲的同情与父亲的念旧才得以留在这里，终归还是要看人脸色的。

可阿梨偏偏是一个梨花般的少女,冰洁娴静,才貌出众。她与纳兰一样爱着疏朗的天空,渴望看尽世间山水。她骄傲又温柔,嘴上总说他身边香囊杂多,不忍近闻,却又收集起自己钟爱的梨花花瓣与花蕊,晒干烘制,装入熬夜为他绣的香囊中,好让他在身上"杂多"的味道中,有着自己喜爱的香气。

原来纳兰是不懂的,他只道《长干行》里的男子太负心,自己绝不能如此负心薄幸,男子之爱,当以专、以恒。而多年后他忽然又忆起了《长干行》:"郎骑竹马来……两小无嫌猜……"脑海中竟全是她的身影,她绣的香囊,她晒的香,她唱的词,她折的梨枝,原来这些年自己是如此懵懂无知。

这天夜里,他回忆起过去种种,一言一行里都满是恋爱的甜蜜。

年少时的相恋,最易结出青涩的果实。两人都快到婚配的年纪,纳兰心料父母亲必然明白这多年陪伴的情分。

自那一天起,纳兰抓住的手便再没有松开。阿梨有时会嬉闹着躲开,又在梨树下忍不住偷看;有时两人互相依偎,即便是默默无语,也能读懂对方心中所想。那时纳兰觉得上天待自己真的不薄。

在酒肆茶馆中,才子佳人的故事最让人津津乐道,而此类故事中的两小无猜、情投意合,竟发生在自己身上,再加上这长长的陪伴,更显得曼妙而多情,令人沉醉。

可是这一份情,却是上天给纳兰的劫。他闯过了这一劫,那便再没有什么可以阻挡他踏上似锦前程;若是他闯不过,那他便要多愁多病,注定此生孤寂。而年少的纳兰,还在双亲的庇护之下,沉浸在爱情的甜蜜之中,丝毫不知凛冬将至。

侯门深海，情已惘然

纳兰12岁的那年，他的父亲被授予弘文院学士一职。此时，科举考试的日期逐渐临近，父亲对纳兰的学业盯得愈加紧了，不必说，自然也是希望自己这个聪慧的儿子能够早日金榜题名。

不知不觉间又过了三年，自从情窦初开，纳兰和阿梨的话语越来越少，可是彼此之间却越发贴心起来。只是一个简单的眼神交流，轻轻的点头致意，不经意间的一个笑容，整个世界都温柔如水起来。

暮春已过，阿梨及笄礼刚成，纳兰的母亲便有意无意间提到阿梨的归宿，虽不是自己的女儿，却也在府中照顾多年，多少有些感情。纳兰只觉得耳根子发烫，母亲的意思是要定下婚期了吗？母亲一如往常地说道："冬哥儿也大了，不是两三岁的小娃了，也当成家立业，早添子嗣。勤苦一些，多为你父亲，为圣上分忧才是。"

纳兰应诺，母亲的意思他懂得，阿梨与自己从小青梅竹马，两小无猜，如今又两情相悦，不久便可明媒正娶。纳兰暗暗下定决心，自己眼下需得早些立业，不能沉迷在男女之情中，只能先委屈阿梨了。

春去秋来，又是一年，纳兰已是十七，这一年他入了国子监。彼时的国子监祭酒徐文元一眼便看出纳兰天资聪颖，是块难得璞玉，将他推荐给了自己的兄长——翰林院编修徐乾学。纳兰师从徐乾学，勤勤恳恳地苦学，几乎到了废寝忘食的地步。他自幼被称作神童，心中不免有些傲气，入国子监后却忽觉自己如井底之蛙，终见汪洋大海，若不勤学，岂不是贻笑大方？书生意气的纳兰将一颗心全扑在了学业之上，却不知变故已悄然而至。

一张名帖递进了大门紧闭的纳兰府，次日，一顶软轿从侧门进了内院，轿中的妇人不是别人，正是多年前将阿梨送入府中的妇人。阿梨与母亲说了些什么，纳兰一点也不知晓，只是母亲差人传来口信，阿梨的亲人来接，已经定了下月就回家去。为了不让纳兰分了心，母亲特意告诉他不必担心，阿梨过几日就回府中，只是去访亲而已。

纳兰独坐窗前，忽然想起自己已是许久不曾与阿梨相约，怎么忽然她家里便来了人？原先两人一起玩耍时，纳兰总担心阿梨早晚有一天要被家里人接回去，可是一年又一年，都不见人来，自己也早把阿梨当作是家人。这凭空的分离，让他怎么也静不下心来读书，心中只有一个念头，见一见阿梨，只需见一见她就好。

暮色将近，纳兰衣裳也来不及换便朝阿梨的住处奔去，却扑了一个空，又急忙转身往平日里相约的院子里去。暮色沉沉，阿梨果然独自站在此处，一个人痴痴望着天，丝毫没有觉察到纳兰的到来。

"天都快黑了，你怎么还一个人待在此处？让我好找。"

听见话语，阿梨才幽幽回转神来，一见到风尘仆仆的纳兰，一双美目泫然欲泣。纳兰只觉得口舌发紧，一时说不出话，伸出手将阿梨揽在怀中：

"不过是稍稍离别几日，心中竟然如此不舍……"

"我只当爹娘已经弃了我，这么多年总想知道他们因为什么缘故将我独留于此……冬哥儿，你放心，我只是离去数日，早晚总要回来的……"话一出口，阿梨顿时觉得自己太轻狂了，挣开纳兰的双臂跑远了。

"嗯……盼着你早些回来，你若是不来，我便亲自上你家提亲去！记着时时写信来……"纳兰望着阿梨的背影痴痴地说着。

年少不知离别苦，甚至不曾挥手告别，更不知此时的分离，竟是一生再难相见。"而今才道当时错，心绪凄迷。红泪偷垂，满眼春风百事非。情知此后来无计，强说欢期。一别如斯，落尽梨花月又西。"

这一夜的月色纳兰从未忘记，却又怎么也记不起，别离来得太仓促，甚至来不及好好记下。那日是朦胧的月色还是迟迟的暮霞？那日的她是浅笑而去还是泪水涟涟？那一句书信勿忘，她究竟是听到了还是没听到？此前种种，此后种种，是梦耶？

阿梨一去,再无音信

起初,纳兰日日问着随侍的童子:"今日可有信来?"童子摇头。隔半月,不等他开口问,童子便摇头似拨浪鼓。纳兰食无味寝无眠的近况传到了母亲的耳中,为了儿女私情而荒废学业,纳兰怎么会如此没有出息?

母亲亲自劝诫浑浑噩噩的纳兰:"八月的秋闱已迫在眉睫,此时若是出了差错,你父亲必不会轻饶你。你若是真的对阿梨有心,便好好应试,到时候再去提亲,双喜临门更是可喜。"

"提亲……"纳兰不觉泪下沾衣,顿时清醒过来,心想:"阿梨待我情深意重,我不该为了没有书信而如此消沉,等秋闱一过便前去提亲。"想到此处,纳兰埋头苦学起来。

走出书房,纳兰的母亲心中感慨万千,她的袖里是阿梨寄来的信,这信已经压在她手里五六日了。信中道出了阿梨对纳兰的无尽思念与不能相守的苦痛,还有不可违抗的父母之命。京城里那座重门禁城,将是她最终的归宿。本就是家中变故才让女儿寄人篱下,如今女儿长大成人,已然是父母手中最后的赌注。进宫去,只要能得到帝王的半点垂青,便是光耀门楣的好事了。

"将我这无情之人忘了吧……"

康熙十一年壬子,八月,乡试中举人。

康熙十二年癸丑,二月,会试合格。

三月,纳兰忽染重病,此病来得凶猛。不出一日纳兰便卧床不起,人事难省。

寒疾突发，心若死灰

纳兰只觉得耳中有些嗡嗡的声音，母亲说话的声音就像断了线的风筝，在大风中越飘越远。他努力地想要留住她说出的只言片语，无奈风儿太过喧嚣，竟然什么都没有听到。他心中有些错愕，兴许是自己太累所以才会片刻失聪？他张了张口，想要向母亲道歉，自己方才什么都没有听清，可是却像一条被捕上了岸的鱼，嘴巴一张一合却毫无声音。

画面一转，纳兰一个激灵，身上传来阵阵寒意，他睁大眼睛却怎么也发不出声音，眼前有另一个身影向他慢慢靠近。"这鱼儿真是肥硕啊！"熟悉的声音传到了他的耳中，纳兰顿时觉得十分不安，他惶恐地看着靠近的那个身影，那分明是自己的脸！

纳兰怕极了，他不知道这一切是怎么回事，想要起身，却发现自己只能在砧板上乱跳，而眼前和自己一模一样的人正开怀地笑着。厨房的杂役已经在那个人的笑声中举起了菜刀，一双粗糙的手死死地按住了自己光滑的身躯。纳兰使劲地挣扎，却只换来头顶上猛烈的一击。

"快住手啊！"一个温柔的声音远远传来。

"阿梨,你怎么来了?快看,这是今天新送来的鳜鱼,很是难得,我也是特意过来看的。"

"冬哥儿……这鱼好可怜……你我平时吃的都不少了,还是不要再多杀生了。"阿梨往砧板上看去,眉眼间满是不忍。

砧板上的纳兰只觉得自己被一双温暖的手捧了起来,他的鼻子似乎还能嗅到她身上熏香的味道。她小心翼翼地走着,用手绢把他的身体盖了起来,在池子边轻轻将他放进了水中。"去吧,可怜的小鱼儿……"

那水中温柔的倒影,在涟漪里浓得化不开。

是了。这是十岁那一年吧,阿梨放走了鱼,自己还笑她。她明明平日里最喜吃鱼,眼见要杀鱼,偏偏又不忍心。

纳兰甩了甩尾巴,想要仔细再看看她的模样,但突然觉得身上有一阵风吹过,再一次天旋地转起来。

等到他再睁开眼,定了定神,发现正站在日常相会的小院中。这小院每天都来,只是从未用这种方式看过,倒是新奇得很。纳兰只觉得今天似乎有些不一般,怎么自己总在见一些从未见过的事。刚才自己不还是一条鱼吗?

一定是自己在这小院里待久了,做起白日梦来了。纳兰笑了笑,远远地看见阿梨正往这边走。他心中大喜,迈开步子想要走过去,却怎么也伸不出去脚;想要低头,却怎么也低不下去……

阿梨似乎没有看见纳兰,只是一个人慢慢地走。园中春意盎然,她一身半旧的衣裳素素的,十分好看,玩耍的蝴蝶在她的身边打着旋儿飞过。纳兰一时竟看呆了。

"梨树啊梨树,今日你的花儿开得真美。"

纳兰只觉得有一只小手在自己的身上轻抚，他有一些诧异，却又忽然明白，自己这次是变作了这小院中的梨树。

"昨夜，我做了一个梦，梦见我阿娘来接我了。梨树啊梨树，你说他们还记着我吗？他们为何这么多年都不来接我？以前总怕他们不来，在这儿除了冬哥儿，我就是孤零零一个人，我想我的阿娘，想阿爹，想回家……可是现在，我又怕他们来……我不想和冬哥儿分开……"

纳兰的心忽然一阵疼痛。没想到这许多年来，阿梨的心竟这样苦，自己却从未想过。阿梨总是时时处处地念着自己，自己但凡有一丝的不快，她都会温柔相劝。可自己，竟从未细细思量过她的心境。

纳兰轻轻地伸出手，一阵和煦的春风吹过，将满枝的梨花吹得簌簌抖动，花瓣轻轻落在阿梨的肩头。阿梨莞尔一笑，抬起头握住了一枝梨花。此刻的纳兰只想温柔地将她揽在怀中，轻拭她眼中的泪水。他伸出手，可眼前的阿梨却忽然消失，化作一片洁白的云雾，周围也跟着迷蒙起来，大雾漫天，哪里还有阿梨的身影？

雪花一片一片地落了下来。纳兰在雾气中四下寻找着阿梨的身影，浑然不知雪花已经落满了枝头。他忽然觉得自己的腿又能迈动了，接着便冲了出去，口中不住地唤着阿梨的名字，可是雪下得好大，就连他呼出的气，都化作一股雪白的雾气。

真是冷啊。纳兰穿得单薄，此刻已然冷得锥心刺骨。寒风吹起雪花，仿佛要吹进他的骨髓之中，让他忍不住剧烈地哆嗦起来。可是他的心依旧火热，脑海中全是阿梨的模样。他有一种预感，阿梨正在呼唤着自己。

风雪更大了。纳兰再分不出什么，四周都是雪，四周只有雪。他的足迹一深一浅，片刻便被新雪覆盖。他只觉得自己周身的血液似乎都已经凝固,呼的每一口气都如同针扎在肺中,生生地疼。可是不能停下,阿梨还在等着自己。

一座寺院忽然出现在眼前,半扇门都已经被埋在暴雪之中。纳兰再也走不动,任凭自己站里在雪地之中。

大雪不停地下着,风渐渐停了。寺院钟声响起,在这荒芜的雪原上回荡。

纳兰忽然跪倒在地,从怀中哆嗦着取出一封信来,来不及看清,就被一阵风吹走,消失不见了。

阿梨,你究竟去了哪里?

当初的情意绵绵,难道只是我的一厢情愿?难道你真的是如此无情,弃我而去;还是你太过多情,所以写下这自私之语来断我今生所思?那一日你与我在梨树下分别,甚至来不及挥手,没想到竟然是诀别。今生今世,究竟是你负了我,还是我负了你?

纳兰的母亲守在他的病床前,早已哭成了泪人儿。所有的大夫都摇着头说:"寒疾突发,药石难续。"走投无路的一家人,只得请了高僧前来诵经,盼着佛祖怜悯,让纳兰能早日醒来。在虔诚的祈祷声中,昏迷了几天几夜的纳兰突然放声大哭。

大病初愈,初绽头角

纳兰是真真切切地病了,这病来得蹊跷,去得也离奇。那一日,纳兰突然倒地不起,起初浑身大汗淋漓,虚汗不止,湿透了好几层衣裳。侍女们换下了一件又一件的湿漉漉的衣裳,全府上下即便是最年长的嬷嬷都从未见过这样的病症。能请得到的大夫都被请到了府中,大家依次诊了脉,坐成一堆却都不知该从何入手。

一夜过去,发汗不止的纳兰总算是停了汗,整个人几乎干瘪了一大圈儿,摸上去如老树一般。不得已,在众位大夫的协商下,将他浸入了热水中。温热的水不断换入木桶中,昏迷不醒的纳兰在水雾缭绕中双眉紧锁,面无血色。

纳兰府此时已乱作一团,都处都是盆盆罐罐,侍从、侍女们在园中架起大锅不停烧着热水,再将温热的水送到纳兰的房中。

时间一点点流逝,纳兰的病情仍没有丝毫起色。午夜时分,纳兰的病情急转而下,周身如寒冰一般,几乎让人怀疑他是不是已经不在人世。

大夫们一夜未眠,翻遍了典籍,确定是寒疾无误。何谓寒疾?书中仅有只言片语的记载，也许是由于天气过于严寒，体虚者容易被寒气侵入脏腑，因而难以医治。此病一旦染上，那么此后每到这一时节，便会旧疾复发。竟没有一个派得上用场的药方。

纳兰明珠头一次为了儿子大发雷霆。然而毫无用处，没有人知道这病该如何医治，只能看着他痛苦不堪地昏迷着，除了焦急和流泪，没有其他办法。

"去！去请高僧来！"纳兰明珠突然说道。

不出一个时辰，纳兰府上僧众云集。焚香诵经之声越过高墙飘荡着。

先皇信佛，连圣母皇太后也十分信奉。在这诵经声里，纳兰明珠忽然镇定下来。他洗漱完毕换好朝服，天蒙蒙亮，又该是早朝的时候了。他低声嘱咐了几句话，发妻早已哭成泪人，昏去醒来好几次。但此时他却生出一种预感来，自己的儿子必然能熬过这一关。

坐车赶往紫禁城的途中，纳兰明珠想起多年前的场景。在纳兰抓周的那一天，一位云游四海的僧人不请自来，笑着赞颂他与佛有缘。事实似乎也确实如此，除了对纸笔感兴趣，小婴儿随手把玩着佛珠，口中咿咿呀呀，念念有词。这更让他确信，自己的儿子确实与佛有缘。

如今若说有什么能救他一命，便也只有佛祖了。

他猜的没有错，诵经声绵绵不休，正午未至，昏迷不醒的纳兰忽然如同受了无尽委屈的孩童一般，在睡梦中放声大哭起来。哭昏后刚醒来的母亲立刻将他揽在了自己的怀中，母子二人抱头痛哭。

这一哭，大家的心便放了下来。痛哭过后，纳兰悠悠地醒转来，起初还是愣愣的，忽然又笑了起来。"……不碍事，我已经大好了……只是有些累……"悠扬的诵经声让他心里不自觉地平静了许多。纳兰闭上了眼睛，像是走了极远的路，静静地休息着。

　　这一病后，纳兰像是重新活了一次。脑海中念念不忘的人，耿耿于怀的事，似乎都随之烟消云散了。没几天，纳兰便能下地自由活动了。他独自走到院中，怔怔地看着被风吹落一地的梨花。

　　纳兰有点感叹，原本大好的前程，只可惜错失了殿试。

晓榻茶烟揽鬓丝，万春园里误春期。
谁知江上题名日，虚拟兰成射策时。
紫陌无游非隔面，玉阶有梦镇愁眉。
漳滨强对新红杏，一夜东风感旧知。

　　生病有时是一件好事，让人懂得了生命的残忍与宝贵。纳兰像是一夜之间成熟了一般，他不再为了功名和父亲的教导日日苦学，而是一个人静静地编起了书，定名为《通志堂经解》，讲得是儒家经义，集的是诸家经解，共计138种，而纳兰又自撰两种，一共1800卷。这绝不是一两本小册子，这是一套阐述儒家经义的大型丛书，这一套书让世人眼前一亮，所有的书坊都不停地一版一版地刊印，连天子都颔首称赞。

　　错失殿试的纳兰通过这样的方式走进了天子的视线。

　　天子早就听说纳兰府上的公子有着神童的美誉，年纪轻轻便颇有才名。起初他只是一笑置之，但凡是八旗子弟、贵族之后，谁家的孩子不是这么被人称赞着，而又有几人真正配得上这样的赞美？想来是有趋炎附势之徒，为了拍一拍纳兰大人的马屁所以四处传言罢了。但这一次，天子再也坐不住了。

纳兰第一次被天子召见。若说他不惶恐，那肯定是骗人的，但要说怕，倒也未必。天子与他不过是一般年纪，只是自己总在闭门读书，而天子8岁登基，自16岁亲政至今，眼界与行事自然与同龄人大大不同。

两人摒除君臣之礼促膝长谈学问之事。天子被纳兰的儒雅清绝所吸引，而纳兰也被天子气吞山河般的胸襟所折服，两个年轻人就这样结为好友。天子将他留在身边，而他又想挣脱而去，一留一去，反反复复。此时的纳兰还不知道，这一生最大的折磨、痛苦的根源，此时已经出现在了他的面前。

天子的这一份宠爱，将成为他的捆绑，他的梦、他的壮怀，都将在这份宠爱中折损殆尽。

琴瑟在御，莫不静好

　　那一场来势汹汹的寒疾让父母操碎了心，于是成婚一事便被重新提上了日程。原本纳兰与阿梨青梅竹马确实不是什么坏事，阿梨天性纯良温和，只是她的父母始终不曾出面，一来二去反倒变得棘手起来。可如今阿梨已被家人接走，一说要进宫选秀，又说要另觅良婿，总之这段情已是无缘再续。但纳兰的这场病实在令人后怕。即便是成个婚冲冲喜也总是好的，更何况，纳兰确实已到了成婚的年纪。

　　纳兰这场大病是什么原因，其实众人心中都有数，只是不敢明说。明明是三四月，纳兰却觉得整个府中没什么生气，像是寒冬还没走，少了一丝鲜活的气息。所有人都不敢提及阿梨，这个名字仿佛是一个禁语，所有和她相关的人都被遣走，东西都被收起，似乎偌大一个纳兰府，从未出现过这么一个人。

　　纳兰似乎也像换了一个人，整个人温温和和、客客气气，一双眸子不再神采奕奕，而像是蒙了一层凄迷的水雾，让人琢磨不透。原本众人都提心吊胆，生怕纳兰为了阿梨又做出什么想不开的事儿来，但日子一天一天过去，眼看着他能坐起，能披衣，能下床，能执笔……众人忧心的事却并未发生。

纳兰的母亲是第一个提起这件事的人，纳兰病弱的身子微微一滞，缓缓地说："听凭母亲安排。"

几番挑选，时任两广总督的卢祖兴有一女，待字闺中。卢氏大家闺秀，向来以端庄柔顺、才情出众闻名。卢家自然知道这誉满京城的纳兰公子，此桩婚事门当户对，双方心里都是十足的满意，将婚期定在了下半年。

纳兰说了一句"听凭母亲安排"之后便再没有关心过这桩婚事，他依旧每日潜心编书，偶尔约上三五好友填词作曲。哀莫大于心死，纳兰的一颗心早在那一场寒疾里死去了，他已经不再是阿梨口中声声唤着的冬哥儿了，他只是纳兰公子，纳兰府上的长子，青年俊彦的才子。

那一晚，他如一个贵族公子应有的模样，将两广总督之女娶进了门。大红的灯笼，大红的帷幔，四处可见的鸳鸯图样，百子千孙的彩头，他只是微微地笑着，默默地颔首。洞房里，人声如潮水般退去，纳兰沾了一身的酒气，心中却一片清明。他多少次幻想过成婚的大礼，多少次幻想过烛下花前，眼前的一切和梦境中的虽并无二致，但是这端坐在床边的已非梦中之人。

纳兰轻轻地揭开喜帕，她安静地垂着头，如同一朵水莲花般温润而娇羞。这是他们今生的第一次相见，可是彼此之间却好似故友重逢，没有生疏的开场，没有不知所措的沉默，他们彼此微笑示意，仿佛春风拂面。从前受过的苦，流过的泪，还有那些难眠的夜，都在这四目相对的笑意中烟消云散。

人的一生是否都是前缘注定？纳兰的心中又回忆起记忆深处那座诵

经的佛堂，那个被茫茫大雪覆盖的原野。即便是再冷的寒冬，再广的雪原，也终究会在春风中消融。只是在故事开始的时候他从未想过这雪原竟会以这种方式消融，他甚至以为，自己将在这片雪原上独自行走，直至消逝。

燕尔新婚，她像一朵安静的莲。他读书的时候，她不去打扰，而是独自走在院落的小径中。雨天，她便倚在窗边，一言不发地听着雨打芭蕉的声音，默默弹琴。他想要忍住不去看她，却被她幽扬的琴声吸引，目光交接，才惊觉自己正望着她出神。她轻柔一笑，腼腆而又大方。她的温柔与记忆中的那个人是如此的不同，记忆中的那个身影总是带着三分的忧愁，温柔却谦卑，时而俏皮，时而蹙眉，让人怜爱，而眼前的她总是落落大方，温柔如水，从容自在。

不知从什么时候开始，专注女红的她开始翻阅起纳兰的卷册，寥寥数语竟为他解疑渡困，他惊讶而又惊喜。他此时只想感谢佛祖，感谢梦境中庄严的诵经之声，将这妙人带到了自己的身边，又或者说，是将濒临深渊的自己带到了她的身旁。

对他的过去，她只字不提，只是轻轻拂过，将他心中的痛苦掩上。她细心为他调理身体，耐心为他收拾乱帙，精心为他烧煮羹汤，贴心为他制衣熏被。他渐渐地习惯了，习惯了她的温柔，习惯了她的身影，他心中怀着难以言说的痛，她以温柔缓解他的煎熬。

纳兰紧紧地拥抱着她，像是拥抱着一个全新的自己。人人都说上天薄待他，青梅竹马弃他而去，偏又错过金榜题名，人生失意不过如此。而他却在心中窃喜，上天待他不薄，在这桩依父母之命、媒妁之言的婚事中，上天将这绝世无双的红颜安排到了自己的身边。他心中有痛，却依旧心怀温柔。

她是落落大方的，从不为了自己而将他留在身旁，她劝他苦读，劝他成就自己的事业。他点头，想起自己被大病耽误的殿试，他有些懊丧，重拾纸笔，心中是忐忑与不安。

那一段时间里，他又变回了那个纳兰公子。他埋头苦读，夫人静静陪伴。闲暇时候，他们效仿前人看书泼茶，乐在其中。那是纳兰一生中难得的欢乐时光，阿梨的离开，让他从一个懵懂少年变成了成熟的大人；卢氏的到来，让他冰封的心渐渐温暖。正是这一轮暖阳，让他的人生一点点走上了正轨。

鲜衣怒马,金榜题名

年少时,纳兰如同白纸一般,被这个万花筒般的世界吸引着。骑马,天南地北地驱驰,想要扬鞭踏遍这花花世界;读书,古往今来的著述,想要看遍这精彩纷呈的红尘。小时候的纳兰羡慕着前人的金榜题名、红袖添香,那似乎是传说中最幸福的事,所有人都津津乐道的人生真谛。

此刻,夜已深,银烛台上是跳动的火焰,焰色迷蒙却又充满活力,在夜色中变幻出各种不同的形态。火焰里有放纵不羁的狂徒,有七步成诗的俊彦,有一日看尽长安花的恣肆,一切都在这火焰中交织着,让他看得出神。

纳兰愣愣地看着,仿佛自己的背上生出了一双翅膀,竟如羽化登仙一般轻盈欲飞,转眼便过了千万山水,远处的江面上一叶扁舟,舟上隐隐传来歌声:"桂棹兮兰桨,击空明兮溯流光……"是苏子泛舟游赤壁吗?尚未看清楚,却见场景倏忽变化。眼前是一处华美的宫殿,寂静中,一对璧人正依偎在一处,隐隐听见两人海誓山盟的声音。莫不是唐明皇与杨贵妃?

正当纳兰想要凑近细看，仙衣飘飘然从他眼前拂过。纳兰一下子回了神，跳动的火焰依然如初，方才的景象原来都是自己的一场梦。眼前的纤纤素手像是穿越千年，隔着巴山夜雨轻轻剪去烛芯上的灯花。那结成一团的灯花缓缓坠落在一边，红艳的烛火将这双手映照得酥酥红红。

"方才做了一个梦。"

"梦了些什么？"

"长生殿的传闻，明皇和杨妃远远坐着，我看不真切。"

"你是读书读痴了……"

纳兰笑了起来，身旁的佳人也莞尔一笑，轻轻将罩衫为他披上。数月来，纳兰又像病前一般，整日埋首书卷，红袖添香易得，金榜题名难得，已然错失了一次，还需趁着青春年华多加努力才是。那一场病让前尘往事变得如梦似幻，仿佛是过了大半生，大病后他才忽然惊觉光阴似箭。时间是如此危险的东西，令人胆战心惊、无力多想。

他眼前那匆忙一现的昙花

爱妻心知肚明，嘴上没有一句劝他早些休息的话，只是每一日默默守在他身侧，添茶送水、剪去灯花。她的心中是波澜不兴的，对纳兰的前程并无憧憬。既然他心思如此，她便也随他如此；既然他志向于此，她便陪着他奔着那志向去。他们还年轻，多的是来日方长，出身大家的她自然是懂得的，懂得他肩头的重担，懂得他少年老成的心，懂得他心中的隐忧，只是她不说，装作不懂不明白的模样。她所期待的仅仅是茶余饭后无心的闲聊，安稳踏实，让人觉得生活是真实而温馨的，一切都是值得期待的。

纳兰想把自己的心事说给她听，他愿说，她便欣然听。原本纳兰并不醉心功名，那一年他第一次面圣，本以为那高高在上的帝王是何等的庄严肃穆、不苟言笑，可那一日站在他面前的却是一个和自己年龄相仿的温润如玉的少年。那雍容的气度、不俗的谈吐、广博的见闻，都让纳兰心生羡慕。这样的帝王，有着一种自然而然的吸引力，让纳兰忍不住想要多加亲近，想要追随左右。那一番促膝长谈中，两个年龄相仿的少年谈笑风生,似乎在言语的交流、眼神的交接中许下了互相信赖的誓言。

此刻的纳兰,正在努力地前行着,努力地走到这位王者的身侧,盼望着追随在他的左右。这样一位帝王,必然能理解自己的憧憬。此生他心中的愿望与理想都将在他的左右实现。纳兰这样想着,这样努力着。

光阴荏苒,转眼便是三年。这三年里,年轻的纳兰愈加成熟。他的目光不再流连于身侧,而是随着家国天下流转。战事的频繁,边境的不稳,让他的一颗心装满了这片江山,他迫不及待地想要为心中的这位明君出谋划策,分担一星半点的忧愁。

康熙十五年(1676),纳兰府一派喜气,时隔三年,纳兰公子终于得进殿试,这一次,没有突如其来的寒疾阻拦,他再一次静静地跪倒在帝王的面前。这一次,不是传召,而是他用三年的时光缓缓走到此处。

"殿试二甲七名,赐进士出身,授三等侍卫。"在纳兰短暂的一生中,留下了这样淡淡的一笔。那是他年少的梦,那一刻的他是如此的畅快,他所渴望的前程,即将在此处振翅飞去。他以为他的学识、他的见解、他的雄心壮志,即将在这片广袤的土地上昂扬挥洒。人生的快意,洞房花烛夜,金榜题名时,多少人为之奋斗终生,此刻已然呈现在他的面前,他是胜者。

但命运的齿轮早已转动,一切都是在劫难逃的苦楚。多少年后,塞外飘着鹅毛大雪,当他再次回首时,却惊觉这一切恍如南柯一梦,似乎从未真实地存在过。什么理想抱负、家国天下?一切都如同难以抛却的累赘,是永远无法实现的梦境,也是永远不能抛诸脑后的重担,更是折磨人心的冰天雪地。

白衣挚友，江湖至交

康熙十五年（1676）冬，寒风萧瑟之中，一位先生在风中急急地快步前行，他已年逾四十，原本任职小官的他，五年前因同僚的排挤而落职。他少年时便"飞觞赋诗，才气横溢"，他是吴中才俊顾贞观。

尽管在吴中颇负盛名，但上天始终不给他兼济天下的机会。当年他漂泊至京城谋生计，离家远游的他在寺庙写下"落叶漫天声似雨，乡关何事不成眠"的佳句，受到赏识而出任中书舍人。此后官场的钩心斗角、权力倾轧令他心灰意冷。

如今的他，困顿半生后又一次北上京城，为自己的生计和前途做最后的努力。这一次，他得到了一个绝好的机会，当朝权臣纳兰明珠赏识他的才华，聘请他为长子传道授业。这样的赏识让顾贞观心中的愤懑似乎有了一丝消融，从中找到一丝勇气直面这惨淡的人生。

此时的纳兰刚二十出头，新科进士、三等侍卫、名门之后，一连串的光环将他包裹，与困顿潦倒、怀才不遇的顾贞观有着云泥之别，让顾贞观不由得感叹命运的不公。他只将这平步青云的年轻人当作救好友吴兆骞的最后希望，若是能得到纳兰的协助，或许能救友人于水火。但是向来不参与党派争斗的纳兰没有允诺。

此时正是寒冬时节，顾贞观想到在苦寒之地遭受痛苦折磨的挚友，心中感慨万千，提笔写下《金缕曲·季子平安否》：

季子平安否？便归来，平生万事，那堪回首！行路悠悠谁慰藉，母老家贫子幼。记不起，从前杯酒。魑魅搏人应见惯，总输他，覆雨翻云手，冰与雪，周旋久。

泪痕莫滴牛衣透，数天涯，依然骨肉，几家能够？比似红颜多命薄，更不如今还有。只绝塞，苦寒难受。廿载包胥承一诺，盼乌头马角终相救。置此札，君怀袖。

书信入词的别致风格，悲悯与抚慰出自肺腑，看似寻常的家常话，其实是饱含深情。精于诗词的纳兰偶然间读到，不禁热泪盈眶，感慨万千，当即向父亲请求帮助，并许下承诺："绝塞生还吴季子。"

此后的漫长年月里，纳兰与顾贞观一起四处奔走，为吴兆骞的回归努力着。这并非一件简单的事情，吴兆骞一个汉人，桀骜不驯，因为科举舞弊而被流放。且不说是否蒙冤，当时权力的倾轧，满汉的不和，让这件事变得难上加难，即便是想要死后尸骨还乡都难以做到。两人一番苦心营救，在江南文士及纳兰明珠的协助下，康熙二十年（1681），流放宁古塔整整23年的吴兆骞终于得以赎还京城。

经历此事之后的师生二人，在几番接触过后，拉近了距离。顾贞观发觉眼前的这位后生与那些达官显贵真的是全然不同，虽小小年纪，但才情兼备，且为人慷慨真诚。更难得的是在诗词中，两人有着共同的见解。

虽然纳兰是是豪门贵胄之后，且自幼声名在外，少年得志，前途一片光明，但他的骨子里却如同一个普通人，不拘小节，温婉谦和，与那些纨绔子弟截然不同。他满怀赤子之心，在读到顾贞观的血泪词作时，不禁潸然泪下。

此时的词坛早已充斥着艳词俗曲，但凡是文人，总觉得词曲低俗，难登大雅之堂。此时的顾贞观，是年逾四十的去职小官，潦倒落魄的授业先生，却与新科进士、少负才名的名门之后相见恨晚。而这一段忘年友情也被许多人所嘲讽。

多年后，顾贞观回忆起这一段初识，记录下了当时的心情："岁丙辰，容若年二十有二，乃一见即恨识余之晚，阅数日，填此曲为余题照。"他所说的这一首曲，便是纳兰所作的《金缕曲·赠梁汾》：

德也狂生耳。偶然间、淄尘京国，乌衣门第。有酒惟浇赵州土，谁会成生此意。不信道、遂成知己。青眼高歌俱未老，向樽前、拭尽英雄泪。君不见，月如水。

共君此夜须沉醉。且由他、蛾眉谣诼，古今同忌。身世悠悠何足问，冷笑置之而已。寻思起、从头翻悔。一日心期千劫在，后身缘、恐结他生里。然诺重，君须记。

纳兰是如此珍视这一段友情，即便是身份不同，地位不同，人生的际遇也不同，连年纪都相去甚远，但这些都不足以改变纳兰对知己的心意。即便是一生一世的知己都不够，这友谊将超越天地，直到无尽的来生。

顾贞观自问已看透世情百态，官场的黑暗、人性的冷淡、知己的难觅、前途的未卜，让曾经意气风发的他早已被磨平棱角，见惯了生死离别的他此刻却流下了动容的热泪。起初的相识，只是为了自己的前途与友人的性命，但现在，他被这多情公子的深切情义所打动，提笔应和，写下《金缕曲·酬容若见赠次原韵》：

且住为佳耳。任相猜、驰笺紫阁，曳裾朱第。不是世人皆欲杀，争显怜才真意。容易得、一人知己。惭愧王孙图报薄，只千金、当洒平生泪。曾不直，一杯水。

歌残击筑心逾醉。忆当年、侯生垂老，始逢无忌。亲在许身犹未得，侠烈今生已已。但结托、来生休悔。俄顷重投胶在漆，似旧曾、相识屠沽里。名预籍，石函记。

两人情真意切地相互应和着，阐发着共同的词学宗旨。他们不惧世俗的偏见，形成了熠熠生辉的友谊。

随驾出行，情起相思

　　那一次的相见，在纳兰的心里埋下了兼济天下的种子。他并非是天然超脱的人，他念的是先贤的话语，学的是满纸的仁义，自然会有一颗家国天下的心。金榜题名过后，御赐三等侍卫的纳兰，似乎正在向着自己的梦想前行。圣明之主，未定之世，处处都是他的舞台，可偏偏身为三等侍卫的他被君王留在身侧。皇上爱他的才，将他带在自己的身边，时而与之吟诗作画，时而与之饮酒下棋，两个人像是知己一般，然而仅仅是"像"而已。若是知己便也罢了，偏偏是君臣。而那青梅竹马的人，现今正在巍巍宫墙之中，于无人处默默凋零。

　　纳兰的心中有一根刺，让他无论如何都对皇上亲近不起来。于公于私，他都无法将皇上当作知己，他只是希冀可以借助君王的力量来施展自己的抱负。

　　与顾贞观结下生死之交之后的纳兰不再觉得身份的差异有多么可怕。但是，面对君临天下的帝王，纳兰只觉得迷茫。他被帝王的气度所倾倒，愿意为他效力，想要发挥自己的智慧辅佐君王。此时的天下，依旧战火纷飞，南方三藩未平，北境偶有返疆，满汉之争日趋激烈，朝中党派纷争不断。他清楚自己的才华与能力，他愿意辅佐圣明，愿意驰骋沙场，但事实偏偏不是如此。

纳兰成了一个在帝王身边随侍的侍卫，别人的艳羡他视而不见，只有他知道，此刻的自己只是一个花瓶。众人都看到帝王对纳兰府长子的厚爱，感叹圣明之主对有才之人的看重。但在纳兰的眼中，这一切都是虚伪的。

帝王的笑是万丈深渊，帝王与他一起吟诗作对，却又对他召之即来，挥之即去。纳兰不愿逢迎奉承，却不得不做这样的差事。皇权，是不可逾越的天堑，不论帝王的喜爱是真心还是假意，即使形成再亲密的关系也永远不会有对等的友情。

偌大的紫禁城就好比是一个牢笼，每一个人都没有自由，甚至没有自我。即便是帝王，也会在抬头仰望蓝天的一瞬间，备感受束缚。帝王永远是帝王，天下的苍生，四海的沃土都属于他。他爱惜纳兰的才华，若是可以选择，他也希望自己不在帝王之家，如同一个寻常文人，每日饮酒作诗，快意人生。

可是人生并无如果，他生在这帝王家，八岁登基，从未有过无拘无束的自在生活，只觉得人生或许本该如此。他看着眼前这个温润的年轻人，有那么一瞬间，心中满是羡慕与感慨。帝王的心中自有较量，他将纳兰留在身边，不愿放他去建功立业，不愿让他沾染官场是非，纳兰明珠的势力绝不能再壮大，而这一块美玉不应该在权力较量中熏染。

纳兰是知晓的，但是他宁愿不知。他宁愿战死沙场，也不愿过这样无穷尽的"牢狱"生活。在遇见帝王的那一刻，他看见一个轮廓便以为是整个宇宙，他奋不顾身地伸出手，却发现其实是一个牢笼。名门之后，家中长子，从新科进士到三等侍卫，其实前路早已被安排，不管他抱着什么样的愿望，在帝王的面前始终是一颗棋子，或者说生在这个显赫的家中，他的命运便早已确定，棋子，家族的棋子，圣上的棋子，权势之间的棋子。

纳兰的希冀在一天又一天的随侍中被慢慢磨去，他想要挣扎，却无力左右。自己就好比一棵柳树，被栽在这里，无法改变位置，被人修剪成形，在风中随意摆动，皇恩的春风阵阵吹拂，却吹不开他满心的愁绪，如同柳絮一般在空中飞扬。

曾经，纳兰陪伴圣驾前往昌平。此处原是明代十三陵所在地，而如今变成了皇家猎场，前朝往事如过眼云烟，多少的繁华盛世如今荡然无存，只剩皇陵，无声地见证着繁华与战乱的逝去。古今多少事，都付秋风中。纳兰面对眼前的萧瑟景象而挥笔写下：

马首望青山，零落繁华如此。再向断烟衰草，认藓碑题字。

休寻折戟语当年，只洒悲秋泪。斜日十三陵下，过新丰猎骑。

此时时局未平，年轻的帝王就跃跃欲试，恨不得跳上马背去平定自己的一片江山，本打算御驾亲征的他被大臣们拼命拦住，大臣们一劝再劝，他才勉强作罢。帝王是帝王，更是一个年少气盛的勇士。秋意渐临，帝王满腔的热血再也压抑不住，他需要通过一场杀戮来宣泄自己心中的热血。

秋风渐起的时候，紫禁城迎来了一件大事，圣驾出行，新一轮的围猎开始了。

京城里人人都在说着，从街头到巷尾，每一个人都在翘首期盼着围猎。

能够伴随圣驾是何等的殊荣，然而对于纳兰，这却是一次又一次的折磨。

纳兰长于京城，他习惯于京城的山山水水，秋高气爽的天，细雨绵绵的云，他心怀天下，有一颗纵横驰骋的心，他所期望的绝不是眼前这哗众取宠般的狩猎。在这小小的猎场中，每一个人都围着君王转，他们表现出自己的骁勇善战，精于骑射，渴望得到君王的一句赞美与肯定，却又保留几分，好让自己显得比君王逊色。

君王永远是君王，他可以酣畅地狩猎，气宇轩昂地阅兵，所有的人都臣服在他的脚下，纳兰无力地跪倒在地。自己的一身本领，在君王的面前只不过是供他取乐、陪他玩耍的随从。

这一刻，他是如此的想念京城，想念着四四方方的京城里那座四四方方的院落，四四方方的书桌边那四四方方的砚台，四四方方的窗棂前那张四四方方的绣桌，还有那桌前的温柔安静人。

纳兰想要逃离这荒凉虚伪的猎场，自己就如同这猎场里惊慌的飞禽走兽，本以为是在自由地生活，却发现牢笼无处不在，生命朝不保夕。纳兰思念着，思念着那片温柔的海，他疲惫的心，想要回到她的身边。

天人永隔,凡心已死

萧瑟的冬季总算过去,四月的春风暖暖地吹在脸上,温温热热,不再寒冷,纳兰的心也一天暖似一天。即将初为人父的喜悦让他忍不住嘴角微微上扬。日复一日的扈从出行,他已经不再抱有别的想法,仕途风光,他更未再想。午夜梦回的时候他也忍不住拷问自己的内心,此生究竟该何去何从?

纳兰在与好友顾贞观几番畅谈后,愈加地羡慕他在江湖中来来去去的自由。若是能如闲云野鹤般在世外隐居,即便不是桃源又如何?总比这笼中鸟般不自由要快活得多。君王的围猎出行一次接着一次,他的心中有着御驾亲征的梦,想借着这围猎彰显自己的崇德尚武,想让族人们牢记先祖马背上得天下的英雄往事,想激起热血男儿报效祖国的雄心壮志。

这一次又一次的围猎让纳兰愈加苦闷。他想陪在卢氏的身边。

若说是思念,倒不如说是想要找个港湾避一避。卢氏便是那安静而温柔的港湾,有她在身旁,纳兰总觉得莫名的心安。尽管他自认阿梨在心中还有难以抹去的记忆,但也不得不承认,温柔大方的卢氏令他心安。

聚少离多,这是纳兰心中的隐痛。理想尚未实现,他却已被来来去去的出行折磨得苦闷无比。更何况,妻子已经有了身孕。无论如何纳兰都不希望让她独守空房,忍受孤独与等待。他一夜又一夜的难以入眠,浅睡之后又是梦回京城的相思。

五月,卢氏生产。欣喜很快便如梦幻泡影般消散在天际,产后的卢氏卧病在床,起初似是产后将息不足,可日子一天天过去,卢氏竟没有好转的迹象,反而一天不如一天。

纳兰的心每一日都被揪得紧紧的,他人生第一次觉得害怕。他并不明白害怕的原因,也不知道为何害怕,即便是面对那场险些要了他性命的寒疾,他也从未感到一丝的恐惧。这一次,他是真的怕,怕命运太无情。

五月，卢氏芳魂消逝

也许是那一天的风太暖，让一切都显得那么不真实，过了好久纳兰都没有说话。人人都丧着脸走到他的面前，轻声地说上一句"节哀顺变"，他却一直在思考：天如此高，海如此深，不知传说中的蓬莱、瀛洲、方丈究竟在何处，是在九天之上，还是在淼淼海中？他读过许多书，听过许多故事，看过许多戏曲。汉武帝和李夫人，唐明皇与杨贵妃，人生究竟是为何？是庄周梦见自己化作了蝴蝶，还是蝴蝶梦见自己化作了庄周？

心灰尽、有发未全僧。风雨消磨生死别，似曾相识只孤檠，情在不能醒。摇落后，清吹那堪听。淅沥暗飘金井叶，乍闻风定又钟声，薄福荐倾城。

那一日，纳兰独自坐着，一袭白衣。他想了又想，却什么都没有想通。若这是一场大梦，那为何自己还没有从中醒来？醒来之后，卢氏依旧会笑盈盈地站在自己的身边，轻轻拿着剪刀剪去灯花吧？就像那一日，他望着烛火畅游古今，被她的纤纤素手轻轻拂醒。

若这不是一场大梦，那为何自己还在等？既然知道她不会再醒，为何还要在此枯坐？是在等待什么，还是在思索什么？双林禅院的诵经声在夜空中回荡，死于疾病原本就是福薄，只能在这寺院之中停柩。钟声在山中回响，纳兰此刻忽然泪水滂沱。

初见时的笑容仿佛还在眼前，洞房里明媚的红烛衬得她的脸酥酥红红。她飞针走线刺绣的模样，美得像是一幅画，从香囊到衣带，从冬衣到春衫，他的身上处处都是她一针一线的爱意。一起翻过的书，一起绘过的画，一字一句，一笔一画都是她盈盈的笑语，灵动的心意。

纳兰愈加不明。既然上天将这妙人带到了自己的身边，为何又要这样匆匆忙忙地将她带走？

一定是佛祖慈悲，见她在尘世中受了太多的苦。她知道自己心爱的人心中装着另一个女子，可是她从未提起，只将心事藏于心底。她渴望着与心爱的人一道，从天光乍破，直到暮雪白头，可他却要应付无尽的随行，难违的圣命。她知道自己这柔弱的身躯，难以熬过生儿育女的痛苦，却依旧在有了身孕后欣喜万分，忍受着孕育的苦痛，盼望着为母的喜悦。

纳兰觉得这一切都是他的错，他从未向她认真地坦露心迹，他总觉得来日方长，他甚至从未细想过，这几年他随行离家，她每日是如何孤独寂寞而又殷殷切切地盼望着他归来的消息。

有些人，不是不投机，而是来不及。昼夜不分的那几日里，纳兰终于明白了自己的害怕。他仿佛忽然看见了佛祖的心意，看见这世界如昙花般开了又谢，那一日烛火前的神游，其实已经找到了永恒的答案，此生既是谜面，又是谜底。当自己想要匆匆牢记，却发现时光早已将谜底偷换。

这是自己的劫数，早已在劫难逃。那么她呢？她应当是无辜的。或许她是上天派下的仙娥，让自己看清佛的心意，如今他懂了，她便走了。她去了哪里？天上还是人间？纳兰过去读书，看见武帝为见李夫人而信那方士乱言，心中只觉得可笑，而如今又该去哪里找这样的方士，好让他再见她一面？明皇逼死了贵妃，直让人觉得他无情软弱，可那七月七日长生殿的窃窃私语，他终其一生都牢记于心，终于有一天由方士指引着，天上人间再重逢。可是自己呢？没有方士，也没有定情信物，只有这一颗念念不忘的心。古人的话不可全信，亦不可不信，死而复生已绝无可能，但天上人间总会相见，念念不忘必有回响。只是她走了，自己的一颗心也跟着走了。佛的心意便是如此，从院中的梨花掉落的那一天起，就已经注定了在他的一生里，所有的愿望都将落空、所有的挚爱都将远去。

十年踪迹,十年初心

雪停了,冰雪消融。无尽的雪原上开始淅淅沥沥下起了雨。纳兰撑了一把湘妃竹伞,在绵绵雨丝中踯躅前行。不过二十多岁的年纪,他的心却如同飘零在天涯的细雪。午夜梦回时,脑海中的倩影始终挥之不去。庭院中的花朵争奇斗艳,一株梨树高耸入云,雪白的梨花在风中摇曳,树下的人梨涡浅笑。

是谁站在这寂静无人的院中?纳兰快步走上前去。十年了,这梨树下的身影竟无半分变化。十年来音讯全无,阿梨去了哪里?她被接走后,再无消息。时光渐去,府中的往事再次被人提起。纳兰装作不在意,耳中却总能听到一些琐碎细言。

"她父母是待罪之人,哪里能和公子婚配?老爷夫人安排了她的族亲将她接走了……嫁了个落魄人家,不被待见,没多久就……"纳兰心中微痛,本以为自己会号啕大哭,可自己竟怔怔的,不知如何。

闲聊的下人并未注意到他,隔墙说着话,没多久便散去。喧闹的院落重回平静,鸟雀在枝头轻盈掠过,微风将芭蕉叶吹得簌簌作响。天空与当年并无二致,树也依旧是原来的模样,一切都没有变,只是时间已经悄然走远。原来再浓烈的感情，也会渐渐淡去。纳兰没有迟疑，沿着小径缓缓地走着，往事如昨，只是自己的心已不再温热。踏入院中，仿佛前方依旧有一个熟悉的身影在梨花盛放的树下静静等候着自己。纳兰原想快步地走去，却怎么也迈不出脚步，风儿微醺，他的寒疾再也没有好过，经春而发，像是一种习惯。

岁月偷换了谜底，让执着的人忘了初心。那一段情如青涩的花朵结不出甘甜的果实，只能在沙土中凋零飘落，惜花的人在林间轻轻地拾起落花，是多愁、多情，也是万般无奈之下的放手。那是一片真心，也是一场病，心去了，病就好了，冬哥儿再也不是阿梨的冬哥儿，万水千山，生生死死，有的是轻言别离的懊悔与身在朱门的情不由己。

在这十年中，自己并不是没有爱过别人，他爱着卢氏，爱得真切，爱得倾心。在纳兰大病初愈的无助时刻，卢氏就像是他的一轮暖阳，依偎在他的身边，用自己的温柔将他的心融化，给他包扎身上的伤口。她是他风雨同舟的伴儿，他们来自一样的家庭，受着一样的教诲，有着相似的秉性，外表谦和却内心桀骜，淡淡的温润中透着疏离，在这个豪门府邸中相互依偎着取暖。

在纳兰的身上，深情好似一桩悲剧，偏要用生离死别来句读。纳兰忍不住要去想：或许是自己亲手将她送上了绝路？皇命难违的羁旅，分身无术的照料，让她在这纷纷扰扰的世间寂静凋落。

青衫湿遍，凭伊慰我，忍便相忘。半月前头扶病，剪刀声、犹在银釭。忆生来、小胆怯空房。到而今、独伴梨花影，冷冥冥、尽意凄凉。愿指魂兮识路，教寻梦也回廊。

> 咫尺玉钩斜路，一般消受，蔓草残阳。判把长眠滴醒，和清泪、搅入椒浆。怕幽泉、还为我神伤。道书生、薄命宜将息，再休耽、怨粉愁香。料得重圆密誓，难禁寸裂柔肠。

病入膏肓的她依旧温润地笑着，纳兰想明明与她不过结婚三年，竟像是过了三生三世，花谢花又开，人却已化作浮云随风散。

那一年的暮秋，有一日，卢氏在屋中有些闷闷不乐。纳兰询问良久，她才开口道：翠翘丢了。那时候的纳兰毫不在意，只说着再添一个新的便是。卢氏却说不必，只惦记着旧物。纳兰难得看到她如此愁眉紧锁，便安慰道："等春来再去院里寻一寻。"冬去春来，翠翘未寻，佳人已去。这尘世间只留下了纳兰一人，在雨中缓缓前行，不知该去往何处。于是他提起笔，写下一个个无眠的夜。他的词作再不是婉转清丽，而是愁肠百结。

十年来，他不断地漂泊着，明明是有故土的人，却像没有根的野草，在风中翻飞，塞外的荒漠，边疆的凄苦，舟车劳顿，来来往往……故园好似一个梦境。心怀天下的戎马少年，红袖添香的缱绻柔情，恍然如梦。十年，去过那么多地方，看过那么多风景，却不曾记得其中一处景色。

> 银床渐沥青梧老，屧粉秋蛩扫。采香行处蹙连钱，拾得翠翘何恨不能言。回廊一寸相思地，落月成孤倚。背灯和月就花阴，已是十年踪迹十年心。

十年，又十年，有时候纳兰忍不住想，此生是否还能再得白首深情？他不敢想，却又忍不住去想。

夜空中群星闪耀，命运的轨迹悄然重合……

琴川才女，情牵一线

江南是文人心中的梦，文人墨客笔下的江南永远都是婉转美景的温柔乡，小桥流水的缱绻梦。放下信笺，纳兰脑中是别样的遐思，好友——南归，鱼雁往返之中江南的丝丝梦境被夹杂在字里行间，让纳兰忍不住去想：这江南究竟是怎样一番光景？

"容若觉得江南如何？"谈起诗词的时候，帝王看似无心地问了起来。纳兰不假思索地回答："未曾去过，纸上得来终觉浅。"这是虚言，也是实话。若是几年前，面对帝王的问题，纳兰必然会慷慨激昂地将自己的所思所闻娓娓道来，那时候他心中装的是家国天下，满心期待的是血洒疆场。可是如今已大不一样，作为帝王身边可有可无的陪伴，他只能接受没有尽头的侍卫生涯，哪里还有什么意气风发？日子过得像一种病，却无药可医。

友人的来信成了纳兰乏味日子里的一丝点缀，诗词的应和，风物的点缀，老友诗意田园的生活吸引着纳兰。此时的他身边虽有着续娶的夫人和侧室，但她们却似木偶，使这乏味的日子又多了几许无望的色彩。

友人读出了他的愁苦，宽慰之余也讲起一些有意思的人和事，琴川才女沈御蝉便是其中之一。

琴川，是一个诗情画意的名字，这小小的县城里有着数条河流，如同琴弦般排布，沈御蝉就是这如诗如画之地的一位奇女子。她貌美如花，才高八斗，却是这一方繁华地的歌伎。沈御蝉是个极普通的人，家道中落，被迫为伎，抱着无垠的思念苟活世间，她像是寂寞山谷中柔弱的兰花，反复唱着自己的故事。沈御蝉又是个极特别的人，兰心蕙质，选词著书，一辑《选梦词》让江南文士们啧啧称奇。她容貌并不出众，偏偏才情惹人怜爱。

她看的是眼前的繁华，唱的是心中的曲折，身世飘零的凄苦让她显得楚楚动人又绝尘傲雪。顾贞观素来不喜好青楼画舫，却无意间听闻有名伎弹唱《饮水词》，一曲愁肠断，竟是无处觅知音。信中寥寥提到此事，纳兰却有些惊喜。"家家争唱《饮水词》"早已不是什么新鲜事，但这秦楼楚馆中也传唱却是第一次听说。沈御蝉是何人？这一问像是投入湖中的石子，激起了此后的阵阵涟漪。

沈御蝉是纳兰的仰慕者，一本《饮水词》她早已烂熟于心，词中的真意也了然于胸，一个是失了心魂的天涯旅客，一个是失了根的红尘歌伎，明明是不同的人却心怀同样的惆怅。顾贞观的无心之言让两人开始有了书信往来，时而一问一答，时而诗词应和。此时的两个人并无男女之别，只是像友人一般畅谈生平际遇，共享心中愤懑，那时候他们谈诗词、谈心得、谈所感，词仿佛是他们的全部。

纳兰有时会想：这一份意气相投是爱吗？午夜梦回时，他想着亡妻的音容笑貌，想着东风中消散的梨花魂，孤独是如此真实、不可逃避。志趣相投是否就是爱？这一份爱是上天的安排吗？抑或是妻子在天上见自己活得如此辛苦，忍不住再为自己添上了红线？纳兰心中慨叹万千，却又归于平静。南北之隔，他们也许终其一生都没有相见的一天，如果不能相见，那么如今的这一切也正是应了那句回答——"纸上得来终觉浅"。但若是能见上一面该多好，只需见上一面，其余别无所求。

江南的绵绵细雨里，满怀心事的御蝉辗转难眠，好不容易挨到天蒙蒙亮，起身坐在床边，揽镜自照，突然发现镜中的容颜竟有些衰老。

黄昏后。打窗风雨停还骤。不寐乃眠久。渐渐寒侵锦被，细细香消金兽。添段新愁和感旧，拼却红颜瘦。

思君令人老，岁月忽已晚，这一份思念，御蝉绝口未提。她从未爱过任何人，欢场的逢场作戏她自幼便懂得，男子的垂青与爱怜多半只是垂涎美色，她庆幸自己只是与纳兰书信往来，让他先结识自己的心，而非容颜。戏文中多得是才子名伎的故事，她有一丝的盼望，盼望他能救自己出风尘，盼望他就是命定的锦衣郎，生生世世不相负，然而她不敢。

两颗靠近的心在无奈中游离，上天安排他们相识，是否安排了下一步的美意？在痛苦的煎熬中，帝王的行程悄然拟订——出巡江南。

"容若，你总说'纸上得来终觉浅'，这一次就去江南看一看吧。"帝王的话语像是一声春雷，让纳兰的心猛地一震，是欣喜，是期盼，是迫不及待。他已经许久不曾有如此热烈的情感，他按捺住心中的狂喜，用看似平静的语气写了一封信,此刻的纳兰不得不承认自己心中对御蝉的情意,那是一种渴望,也是一种救赎。在他无处依凭的人生里,他忽然看见了一个模糊的轮廓。他已在大雨中支撑了太久太久,哪怕是一点点光亮也足以让他奋不顾身。

"不日南下,盼相见。"

扈从江南,执手定情

康熙二十三年(1864)九月,康熙帝南巡启程。

纳兰早已为南巡事宜奔波了许多时日,这一次的南巡和以往的截然不同,帝王将按照既定路线缓缓南下,一路视察探访。

江南,是人人艳羡的好地方,从京城到江浙几近万里。江南,又是鱼米之乡,掌握着朝廷财政的命脉,已经渐渐成了朝廷的聚宝盆。然而江南水患不断,接连而来的水患让富饶的江南一片狼藉。尽管此时三藩之乱平定未久,国库财政空虚,帝王依旧下定决心南下,实现自己的宏图霸业。

纳兰的心此刻早已不在江山社稷之上,南巡并不只是昭告天下那么简单,从京城出发前往江南,再重新回到京城,一次南巡将耗时三四个月,水陆周转、随行护卫、沿途的接驾、物资的运转,每一项都是令人费神的安排。身为御前侍卫的纳兰成天奔波在南巡的准备之中,他心中虽厌烦,但又充满了期盼,不是为了帝王,这一次,是为了自己。宦海的浮沉是无法摆脱的命运,生离死别是不可逆转的诛心,但这一次,纳兰害怕而又欢喜。

纳兰闲时总坐在书桌前,忍不住将书信一读再读,脑中浮现佳人的模样,心中勾勒出一幅幅相见的画面。而万里之外的御蝉,心情也是同样的复杂。御蝉盼着能与纳兰相会,他究竟是怎样一位翩翩贵公子?又或者他与那些纨绔子弟一般无二?御蝉忍不住胡乱思索起来,她心中害怕又欢喜,想见又不敢见。"管他是如玉公子,还是纨绔子弟,只需读一读他的词便晓得他是痴情男儿……这是他的心……"

御蝉心中的怕,不为别的,单单是纳兰的一颗心。自己歌伎出身又如何?满汉有别又如何?即便是有名无分,只要他存一颗真心,别的又有何惧?而他的真心呢?御蝉一首首地唱过纳兰的词,里面满是情真意切的痴心。她从心底里羡慕嫉妒着卢氏,她霸占了纳兰的一整颗心,带走了他的一整颗心。若是与一个活人相比,御蝉自认不输任何人,可是,偏偏卢氏已经不在人间。要如何去与一个逝去的芳魂一较高下?御蝉心中惶恐,也许此生她都无法完整地拥有纳兰的真心,但至少自己可以在这痴心上留一点印迹。

九月的一天,御蝉百无聊赖地坐在院中,这里是她的栖身之处,满院种满了翠竹。她拔下玉钗,一下又一下地敲打着竹节,合着拍子唱起了她最喜欢的词。

人生若只如初见,何事秋风悲画扇。等闲变却故人心,却道故心人易变。

骊山语罢清宵半。泪雨零铃终不怨。何如薄幸锦衣郎,比翼连枝当日愿。

身后传来轻轻的脚步声与人声，御蝉想要回头看却愣住了，一颗心扑通扑通地跳着。"御蝉？"身后响起一个温柔的声音，带着些许疑虑，却又无比坚定。转身的瞬间，御蝉心中的复杂情绪忽然烟消云散，那些令她彻夜难眠的愁绪竟是如此微不足道。明明是第一次见面，却像是故友重逢一般，没有一点窘迫与生疏。

纳兰就这样在这个种满绿竹的小院子里住了下来，他们每日一同弹琴唱词，像一对鸳侣般羡煞旁人。身份、地位、前尘、往事，都被抛诸脑后，他们只想每一日静静地看着彼此，生怕这是一场美梦，稍不留神就会从梦中惊醒。

但凡是美好的东西，往往留不住，半月的光景转瞬即逝，南巡的归程转眼到来。纳兰难违皇命，将要随驾启程回京。离别之苦不是第一次尝，可心中的酸苦却比以往更甚。远隔万水千山，何时才能再相见？"何当共剪西窗烛？"御蝉泪眼婆娑。她是聪明的女子，这一别也许难再相见，她在这红尘中漂泊多年，心中更懂得"易求无价宝，难得有情郎"的道理。这是自己毕生的爱与追求，她反复吟诵着词曲，每唱一遍，心中便爱得更深一分。

纳兰抬头望着天，宽慰的话怎么也说不出口。他深知京城不比江南，那里是门第森严的地方，即便是御蝉愿意忍受旁人非议，自己也断然不愿委屈了她。可这世间哪里有两全之法？

回京的途中，纳兰思念更甚，他明白，自己或许再也离不开御蝉了。他几番斟酌，给挚友顾贞观写了一封长信，信中将自己的心意和盘托出，嘱咐好友代为照顾御蝉。这事不管托付给谁，纳兰都觉得不安心，唯有顾贞观能做好此事。

"容若觉得江南如何?"帝王再一次提起江南,纳兰只觉得恍若隔世。"江南好,风景旧曾谙……"对于纳兰与歌伎的事,帝王心知肚明,他本身对这些小事并不挂心,但纳兰明珠着实位高权重,风言风语很快便传进了他的耳中。纳兰的回答让他有些皱眉,他懂得纳兰的多情,心中只盼着他不要自贬身份。情之一字,也要合情合理才好。

纳兰丝毫没有注意到帝王的表情,他早已将心留在了江南和那个种满绿竹的小院,心脏伴着击竹的素手跳动。

纳兰还不知道,小院此时已经易了主,院子的主人收拾了一个不大不小的包袱,戴着面纱,登上了北上的小船。她心中坚定,背影挺拔,要去追寻她的梦。

天南地北，金风玉露

返回京城并不代表着悠闲生活的来临，南巡之后的事务反而比启程前更加繁杂，思念在忙乱中变得稀薄，空闲的时候纳兰忍不住想象着御蝉的模样，转身又陷入繁杂的琐事中去。他不知道何时才能再见，也许是帝王的下一次南巡，又或是什么机缘巧合。那一晚，纳兰做了一个梦，梦见自己回到了那个种满绿竹的小院，他轻轻地叩门，却没人来应。细雪飘飘扬扬地飞舞着。"莫不是天冷睡去了？"纳兰这样想着，又轻轻叩了叩门扉。沉重的脚步声响起，一个老婆婆前来开门。

"你是……"纳兰忍不住问，"沈姑娘可在家中？"

老婆婆上下打量着他，摇了摇头。"没有沈姑娘，你找错了。"门又掩上，甚至来不及让他多问一句。纳兰心中大痛，莫非这一场欢爱竟是梦？前人常言"浮生若梦，为欢几何"，没料到竟是自己黄粱一梦。

从梦中惊醒的纳兰披衣而起，只觉得周身有些寒意，屋中的熏笼还在散发着余热，自己却像是落进了冰窟。他走到书桌边，翻出那些来往的书信，挑了挑烛火，细细读了起来。御蝉啊御蝉，此时的你是否睡得正酣？

一夜无眠，天蒙蒙亮的时候，纳兰有些昏沉，抬头只看见有人进了屋，仔细一看才发现面前竟是一个粉雕玉琢的小娃娃，怯生生地走到书桌边。纳兰有些好奇，竟然有陌生的孩子跑进了自己的内屋，不过这孩子的模样实在可爱。"爹爹，爹爹……"小娃娃忽然笑着开口喊道。

"你是……"纳兰一句话尚未问完，忽的一怔，眼前哪里有什么小孩子？依旧是自己的内屋，门窗紧闭，未见来人，熏笼中的木炭早已熄灭，只剩一点火星子还在闪烁，窗外已经天色大亮。

"方才是做梦吗？"纳兰有些糊涂了。门童在屋外轻声地问着："公子起了吗？顾先生清早便在府门口求见了。"

"顾先生？"

"是啊，就是那位江南来的顾先生。"

纳兰一个激灵，一面起身披衣洗漱，一面喊着"快快有请"。

来的不是别人，正是好友顾贞观。分别不过月余，好友的到来让纳兰又惊又喜，顾贞观笑着告诉他，来的不只是自己。

泪水在重逢的那一刻决堤，纳兰捧着御蝉消瘦的脸庞，嘴中喃喃着"何德何能……"御蝉只是摇摇头，一路的艰辛不算什么，只是这一颗期盼重逢的心已不能再等。纳兰感动、欣喜，这个柔弱的女子已经为自己做了太多太多。"接下来就让我来吧……"纳兰这么想着，他清楚地知道，接下来要面对的是怎样的狂风暴雨。

在京城僻静之处，纳兰盘下了一个小院，院子里种满了绿竹，就像是原来江南的那个小院一般。从那一天起，他便搬离了纳兰府，住进了这个小院里。他没有带御蝉去见父母亲，因为他知道迎接他们的只会是愤怒与责罚。

当时满汉不许通婚，歌伎与高门公子的结合注定不会受到他人的祝福。纳兰的父亲知道他的恣意妄为之后勃然大怒，父亲原本以为这只是南巡途中的一段小插曲，这段欢爱也会随着南巡的结束而消失，却万万没有料到，自己心爱的长子竟会为了一个汉人歌伎而离开这个家。父亲心中愤怒，却也没有发作，既然儿子不将她领回府中，想来也是知道给不了名分地位，这已是一步退让。那自己便装作不知情，由他去吧。明珠的考量有着他的道理，他明白这桩情事皇上也了然于心，既然皇上都睁一只眼闭一只眼，自己这个做父亲的又何必要给孩子难堪。

　　纳兰的周围变得有些奇怪，曾经帝王身前的红人，一下子像是得了瘟疫一般，没有人敢靠近，即便是帝王也一改常态，鲜少寻他。纳兰此时像是离了笼的小鸟，闲言碎语他不再理会。他和御蝉一起，在这个种满绿竹的小院里完善着彼此的人生。而御蝉低垂着头，早已羞红了脸，她的腹中已经怀有一枚爱的结晶。

　　纳兰将自己的梦告诉了御蝉，他反复地说着这个梦，他觉得奇妙而美好。在此之前，他并不爱孩子。卢氏历经生产而死，孩子对于纳兰而言是一种罪过，更谈不上喜爱，因此他始终对孩子们敬而远之。但这一次不一样，纳兰觉得冥冥之中这个孩子和自己有着某种缘分，他在尚未出生的时候便自己寻来唤一声爹爹。纳兰期待着这个孩子，满心欢喜地等待着他快快降生。

　　何为人生？纳兰从未觉得自己如此快活，他像是实现了多年前的梦，寻一处僻静山谷，与心爱的人琴瑟和鸣，远离纷扰的红尘。他心中的孤独与痛楚一点点被治愈，爱又一次回到了他的心中。如果说过去的情情爱爱是上天给自己的考验，那么纳兰此刻所拥有的必然就是此生的挚爱,从青涩之恋到婚姻到如今的知己,纳兰觉得自己又像是重新活了一遍。

  在历经心体与心灵的双重折磨后,纳兰并非没有想过自己的余生,他早已打算余生常伴青灯,或是草草了结自己的生命。但命运再一次展现出它的残酷无情,所有的悲欢早就已经写好,正如他曾经的希冀被一一打破一般,只是这一次,命运不会再收走赐予他的真情,而是留下了不甘。

一世多情，一声长叹

康熙二十四年（1685）五月三十日，纳兰突然寒疾发作，仓促而亡。那一日发生了什么？浑浑噩噩的众人已经无力再想起。纳兰连话都没有说上一句，便重重倒下，千呼万唤都未曾醒来。纳兰府里上上下下都来不及反应，待到回过神来，纳兰早已离去。

明珠忍不住老泪纵横，自己竟是白发人送走了黑发人，他愣愣地看着儿子冰冷的身躯，像是缓不过神来。前几日，他还忍不住在心中责备着这个不争气的儿子竟然被美色所误，即使冒天下之大不韪也要与汉族歌伎相伴而居，甚至不惜搬离纳兰府，不仅让家族颜面无存，还将自己的前途葬送。责备的话语尚未来得及出口，这个任性的孩子便突然撒手人寰。

纳兰从小就是个懂事的孩子，勤奋好学、机敏聪慧，他一生顺畅却福薄命浅。明珠的脑中依旧是儿子幼时的模样，闻名京城的神童，金榜题名的天子门生，风光无限的御前侍卫。可是这孩子，越长大越是任性，总爱做一些离经叛道的事情。许是这孩子太特别，所以上天才刚派他下凡又将他带走？

纳兰府沉浸在悲痛之中,数日之后,有人想起了小院中的御蝉。她有了身孕,行动不便,之前没有人想起过她,也不知该将她如何安置。她在那一方小天地里与世隔绝,她心中有点不痛快,却不知道为何如此。纳兰已数日未归,御蝉有些心不在焉,心头的一块肉突突地跳着。日益隆起的小腹让她更加不安,她拔下玉钗,像从前一样一下又一下地击打着竹节,身后却没有响起纳兰的声音。

一乘小轿,几名丫鬟叩开了与世隔绝的门扉,御蝉被悄悄地接进了纳兰府。小轿从不显眼的侧门穿入,在院中换了一顶软轿再次抬往深宅之中。御蝉的心被牢牢揪住,没有人说出纳兰的消息,御蝉却已落下了清泪。

从那一日小院的门被敲开,御蝉便已经知道,只是她宁愿自己不知道,只当纳兰是上朝未归,或是随驾出行未归,也可能是去了纳兰府中小住未归……他只是未归。有朝一日,他总会回来,笑着喊一声"御蝉"。也许他的今生就是如此,他爱卢氏爱得真切,天上人间总盼着能与她重逢,现在也好,命途多舛的他也总有一桩心愿被上天成全,他可以与卢氏在九天之上再度重逢。

回想这短短的一年,竟真如梦一般。爱过、等过、伤心过、痛苦过,也拼命争取过,还有什么好遗憾的呢?只剩泪水从御蝉的脸庞滑落。她是聪明的女子,她的爱大胆而直白,她毫不在意别人的眼光与流言的中伤,爱了便是爱了,既然上天要她停止这一份爱,那便停止。她原本就是这红尘中最最卑微的一缕尘埃,只因为遇见了他才绽放出片刻的星辉。她擦干了眼泪,关上了房门,忍不住抚摸着隆起的小腹。

这里有一个生命,这里也是一个句点,这一段情,到这里已经结束,无论多少的岁月流转,多少的时光磨灭,这一丝血脉都将延续。上天收回了纳兰灿烂的一生，那就用尘埃将自己也一并掩埋。

月余，御蝉足月生产，产子后被送离纳兰府，此后音讯全无。那一个梦原来并不是什么吉兆，是这肚子里的孩子知道此生断然无法唤一声爹爹，才匆匆忙忙闯进了纳兰的梦中，将这一句爹爹唤了一唤。

康熙二十五年（1686），葬纳兰氏于京西皂荚屯，一颗明星至此陨灭。

他所爱的阿梨去了哪里？没有人知道。他所爱的卢氏在天上人间的何处？没有人知道。江南的沈宛究竟去了哪里？也没有人知道。人们渐渐忘记，忘记了他的少年壮志，忘记了他渴望驰骋边疆的抱负，忘记了他备受寒疾折磨的痛苦。时间是无情且善忘的，它将一切冲刷干净，却将他心中的痴与情长久地留存。

每一个人的心中都有一个纳兰容若，每个人都在"人生若只如初见"里感动万分，他写得一手好词，他的人生却是一个悲剧。在他短短三十一年的生命里，没有与他同行的人。纳兰容若像是无伴的扁舟，独自前行，他终其一生所追求的，都被命运赠予又抽走，他年轻的生命留下了不甘与痛楚，让每一位读词的人心生感悟。

他是佛前的一朵青莲，只为尝一尝这人世间的情爱。这情是疾，这爱是病。

文字编辑：王心斋　柴　娜
美术编辑：刘晓东
版式设计：蒋碧君